KLARTEXT

**Bildnachweis:**
Adobe Stock: ©typomaiac S. 44, ©Macjej Czekajewski S. 103; Imago: Wolfgang Simlinger S. 4/5, Ronald Grant S. 31, Horst Galuschka S. 41, teutopress S. 115; picture alliance: Alexander Tuma S. 9, dpa/Reinhard Podolsky/mediadesign S. 10, dpa/dpaweb/epa apa Österreichische Post AG S. 11, Bissuti Kristian/KURIER S. 14, S. 65, S. 83, Fryderyk Gabowicz S. 19, S. 25, S. 78/79, S. 93, brandstaetter images/Votava S. 28, United Archives S. 33, VIE7143/165/Viennareport S. 35, dpa/Votava, pa S. 46, brandstaetter images/Didi Sattmann S. 50, Alex Halada/picturedesk.com S. 54, S. 113, pa S. 58, United Archives S. 60, dpa/Stock S. 63, United Archives/Valdmanis S. 64, Associated Press/GEPA S. 69, Andreas Friess/ First Look/picturedesk.com S. 86/87, dpa/APA S. 106/107, dpa/Drei Freunde S. 111, Geisler-Fotopress/Michael Kremer S. 112, pa S. 119; Privat: S. 7, S. 99; Wikipedia: Von Bundesheer -Hoheitsabzeichen auf bundesheer.at, gemeinfrei S. 21, Von Jordis Llorens - Christian Ide Hintze, CC BY 3.0, https://commons.wikimedia.org/w/index.php?curid=9867306 S. 97, Von Axl Jansen - Eigenes Werk, CC BY-SA 3.0, https://commons.wikimedia.org/w/index.php?curid=10666166

Eine Playlist zum Buch gibt es hier:

Bibliografische Information der Deutschen Nationalbibliothek
Die Deutsche Nationalbibliothek verzeichnet diese Publikation in der Deutschen Nationalbibliografie; detaillierte bibliografische Daten sind im Internet über portal.dnb.de abrufbar.

**Impressum**
1. Auflage Februar 2024
Layout und Satz: Joachim Bartels
Umschlaggestaltung: Guido Klütsch, Köln
Umschlagabbildungen: Adobe Stock: ©hassanmim2021 (Palme), ©brudertack69 (VW Käfer), IMAGO/BRIGANI ART (Kommissar), IMAGO/Wolfgang Simlinger (Denkmal), picture alliance /Fryderyk Gabowicz (Falco)
Autorenfoto Umschlagklappe: privat
Druck und Bindung: Linsen Druckcenter GmbH, Siemensstraße 12–14, 47533 Kleve


ISBN 978-3-8375-2598-4

KLARTEXT

Jakob Funke Medien Beteiligungs GmbH & Co. KG
Jakob-Funke-Platz 1, 45127 Essen
info.klartext@funkemedien.de
www.klartext-verlag.de

Druckerzeugnis
www.natureOffice.com/DE-706-MY3AFMH
klimaneutral
durch CO2-Ausgleich

MIX
Papier aus verantwortungsvollen Quellen
FSC® C108224

Jens Buchholz

# Falco

## Populäre Irrtümer
## und andere Wahrheiten

# Inhalt



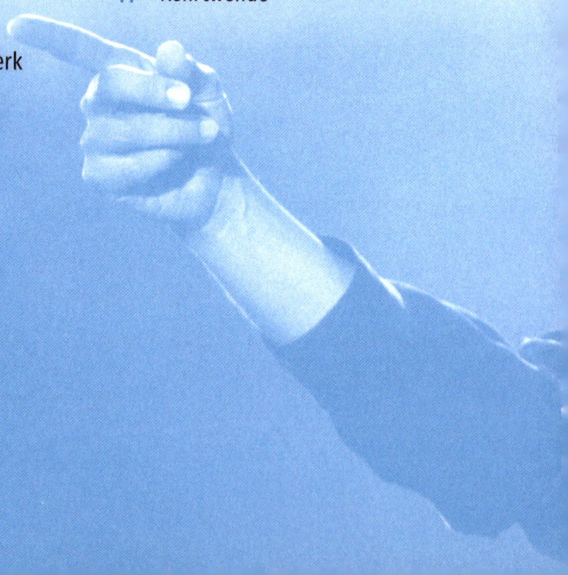

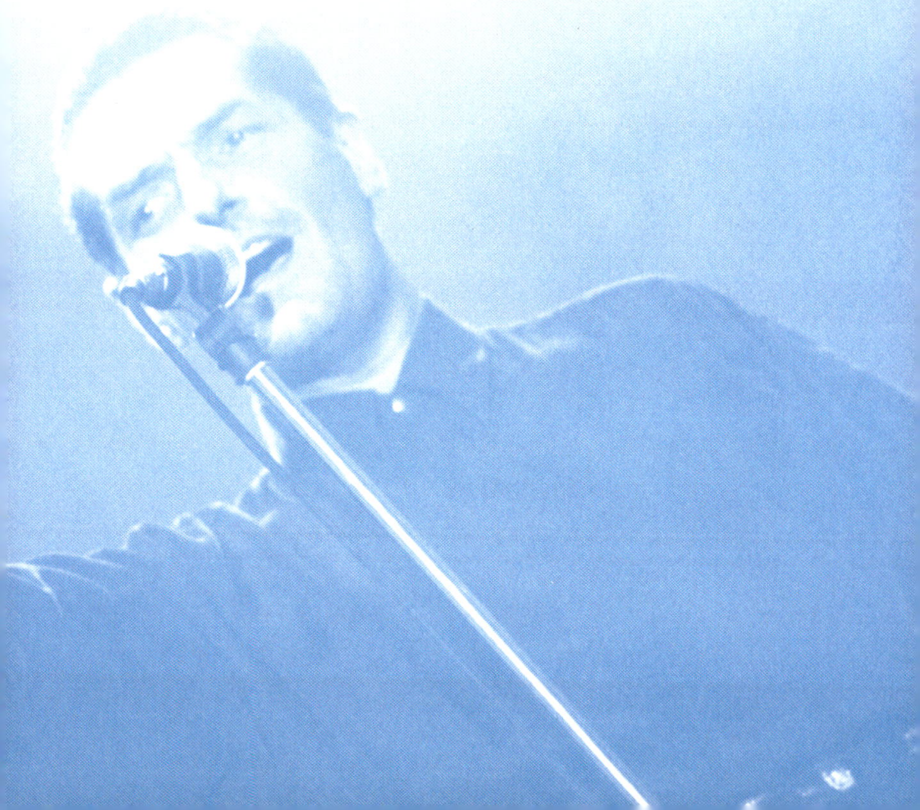

# Zum Geleit

1990: Ich war in der zwölften Klasse und saß neben Brigitte im Schulbus. Sie hatte mir eben noch einen langen Vortrag über ihre Lieblingsmusik gehalten und mich dann gefragt, was ich denn gerade so höre. Pflichtschuldig zählte ich auf: Beatles, Pixies, The Cure, The Smiths, Falco. Da zog Brigitte die Augenbrauen zusammen. „Falco? Das ist doch unter deiner Würde!“ Aber da täuschte sie sich. Ich fand nur nicht die richtigen Worte, ihr zu erklären, warum. Jetzt, knapp 33 Jahre später, kann ich mit Überzeugung sagen: Falco ist einzigartig.

„Alles klar, Herr Kommissar?“ oder „Rock Me Amadeus!“ sind Textzeilen, die jeder kennt. Mitte der Achtzigerjahre hatte Falco bereits zwei internationale Megaseller im Repertoire, die heute als Klassiker der Popmusik betrachtet werden können. Aber der Mann im Smoking mit der Pomadenfrisur ist kein Two-Hit-Wonder. Auch „Jeanny“ war ein skandalumwitterter riesiger Hit, ebenso wie „Out Of The Dark“.

Vielleicht liegt Falcos Einzigartigkeit ja darin, dass er in keine der herkömmlichen Schubladen passt. Falco rappt, aber seine Musik ist kein Rap. Falco rockt, aber seine Musik ist kein Rock. Er ist funky, aber seine Musik ist kein Funk. Falco ist eine absolute Singularität in der Welt der Popmusik!

Liebe Brigitte, falls dir dieses Buch zufällig in die Hände fallen sollte, dann lies es bitte. Vielleicht verstehst du dann, warum ich Falco bis heute für großartig halte. Und für Sie, liebe Leserinnen und Leser, gilt das natürlich auch.

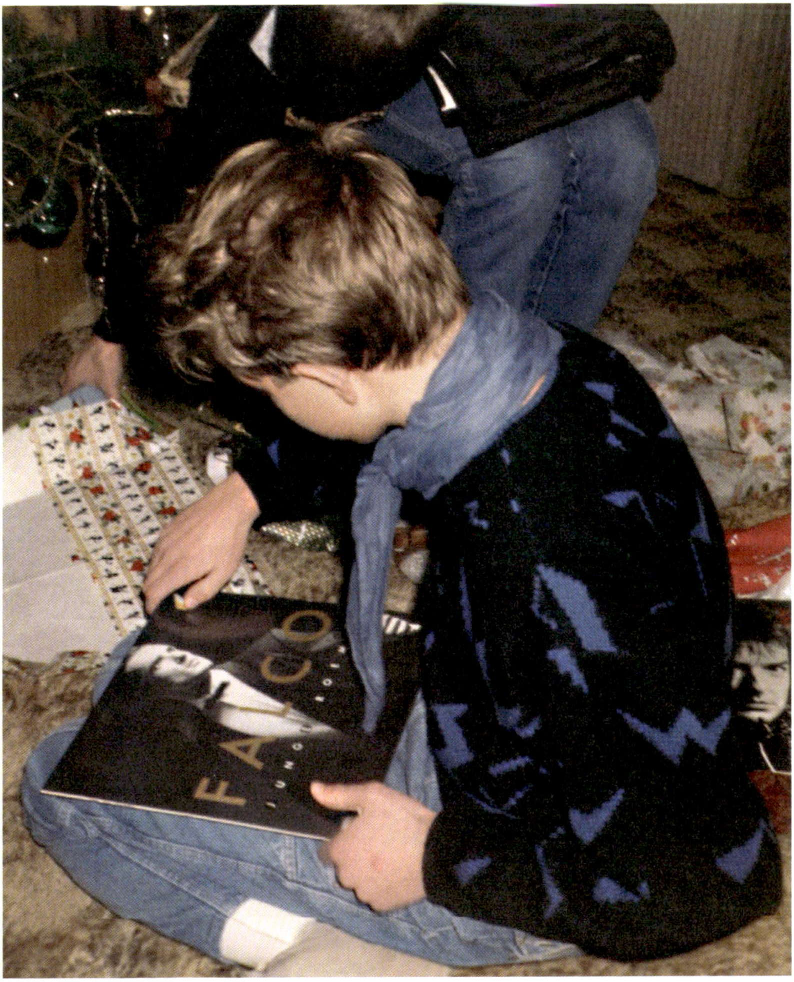

Weihnachten 1986: Autor Jens Buchholz freut sich über eine Falco-Platte.

# Vater des Deutschrap

**In einem Interview wird der Produzent Robert Ponger gefragt, ob Falco und er mit „Der Kommissar" den Deutschrap erfunden hätten. Ponger, der das Lied komponiert und produziert hat, antwortet: „So ein Schmarren! ... Hans hat die Strophen erst gesungen, und ich dachte: Klingt gesungen harmlos. Das geht nicht, was mach ich jetzt? Ich hab ihm gesagt, dass seine Sprechstimme attraktiver ist, er soll versuchen zu reden. Plötzlich war alles da: die Rhythmik, die Mischung aus Englisch und Deutsch. Wir haben gespürt: Wir haben da was Neues."**

„Falco war kein Hip-Hop-Typ", bestätigt auch Markus Spiegel, der Chef von Falcos Plattenfirma. Musikalisch war Falco mit der Popmusik der Sechziger- und Siebzigerjahre sozialisiert worden. In den späten Siebzigern kamen Disco, Punk und New Wave dazu. Auf seinen ersten beiden Alben singt Falco noch sehr viel. Gegen Ende der Achtzigerjahre hätte Falco das Rappen, das inzwischen sein Markenzeichen war, gerne ganz bleiben lassen: „Ich weiß nicht, was ich machen soll – die Leute erwarten von mir immer den Falco, und ich würde doch so gerne ganz andere Sachen machen."

Allerdings war sich Falco durchaus bewusst, dass seine Art des Rappens an den frühen US-Hip-Hop erinnerte. Der legendäre DJ Afrika Bambaataa remixte 1983 „Der Kommissar" und „Maschine brennt". Eine Doku zeigt, wie Afrika Bambaataa und Falco im selben Jahr in New York im Chelsea Hotel ein gemeinsames Projekt besprechen. Falco spielt ihm „Hoch wie nie" vor und meint: „It's rap!" Aus dem Projekt ist dann aber nichts geworden. In seinem Hit „The Sound Of Musik" und später noch einmal im Song „Body Next To Body" leiht Falco sich einige Textzeilen aus dem 1979er Hip-Hop-Hit „Rappers Delight" aus und erweist so dem amerikanischen Hip-Hop seine Referenz.

Doch sah auch er selbst sich nicht als „Uradel des deutschen Raps“: „Also Hip-Hop hat von seiner gesellschaftspolitischen und sozialkritischen Geschichte her nie was mit mir zu tun gehabt“, erklärte er im Interview mit Werner Geier für FM4 im Jahr 1996, „weil i immer Popmusik gmocht hob und net Hip-Hop“.

Der Autor Oliver Pink bezeichnete Falcos Musik als „Mainstreampop mit Rap-Elementen“. Und das trifft es wahrscheinlich am ehesten.

Eine Baseballkappe macht noch lange keinen Rapper: Falco 1996

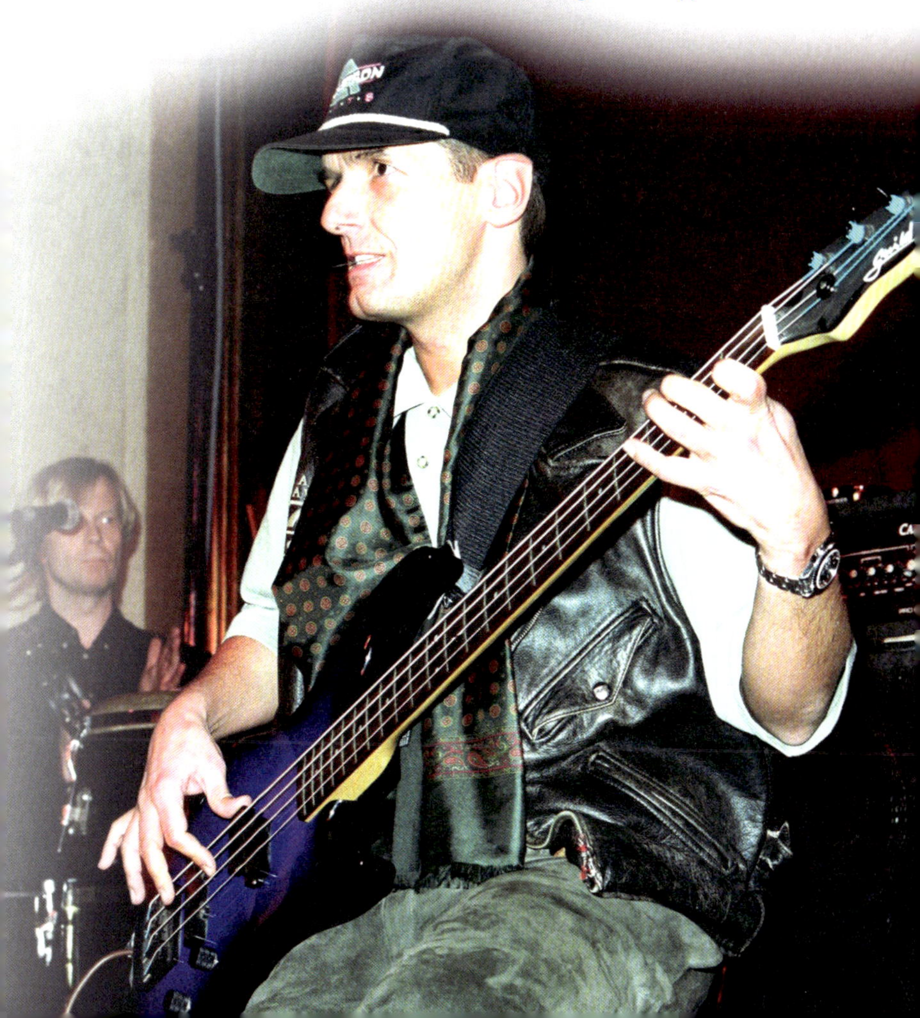

# Zahlen & Fakten

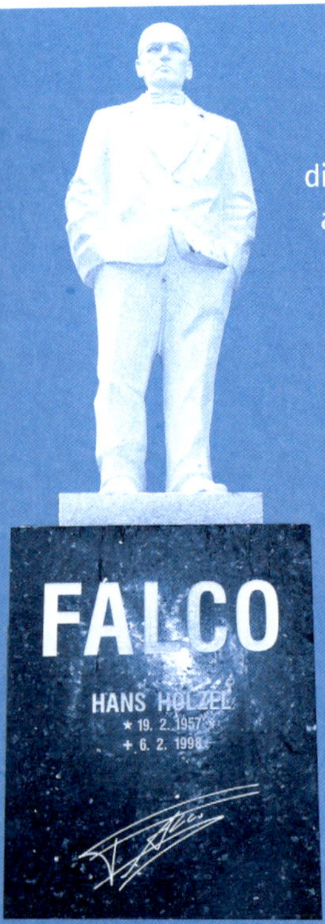


Das Falco-Denkmal
in Gars am Kamp

Falco wurden **mehrere Denkmale** gesetzt: die Falcostiege in Wien (2003), eine Statue in Gars am Kamp (2011) und eine Skulptur in Gansbach, dem Geburtsort seines Vaters (2018).

In Wien kann man im **Restaurant Falco** umgeben von Falco-Devotionalien edel speisen.

Zu Lebzeiten hat Falco offiziell **sieben Alben** veröffentlicht:

1. Einzelhaft 1982 (D:17/Ö:1)
2. Junge Roemer 1984 (D:78/ Ö:1)
3. Falco 3 1985 (D:2/Ö:1/US:3)
4. Emotional 1986 (D:1/Ö:1)
5. Wiener Blut 1988 (D:9/Ö:2)
6. Data de Groove 1990 (D:15/Ö:5)
7. Nachtflug 1992 (D:73/Ö:1)

Zum offiziellen Kanon der Alben gehören posthum:

8. Out Of The Dark 1998 (D:3/Ö:1)
9. Verdammt, wir leben noch 1999 (D:35/Ö:3)
10. The Spirit Never Dies 2009 (D:3/Ö:1)

Die Österreichische Bundespost hat Falco **Briefmarken** gewidmet: Im Jahr **2006** gab sie die Briefmarke „Falco, Rock Me Amadeus“ heraus und **2017** eine Marke zum **60. Geburtstag**.

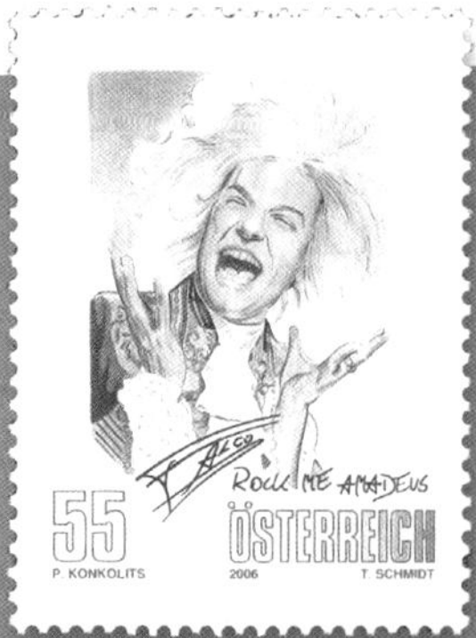


In Österreich war Falco mit insgesamt **13 Singles** auf **Platz 1** der Charts. In Deutschland waren es **vier Singles**, nämlich „Der Kommissar“, „Rock Me Amadeus“, „Jeanny“ und „Jeanny, Part 2, (Ein Jahr danach)“. In Großbritannien und den USA war Falco mit „Rock Me Amadeus“ auf **Platz 1** der Singlecharts.

Weltweit kommt Falco auf **mehr als 75 Goldene Schallplatten** und etwa **40 Millionen verkaufte Alben**. Die Gesamtverkäufe bewegen sich, je nach Schätzung auf **zwischen 60 und 75 Millionen verkaufte Tonträger**.

Auf **Spotify** hat Falco monatlich **etwa 2,5 Millionen** angeklickte Songs. Die **Top 4** sind „Rock Me Amadeus“, „Der Kommissar“, „Out Of The Dark“ und „Jeanny“.

# Unvorhergesehen

**Johann Hölzels Leben begann dramatisch. Im September 1956 verlor die schwangere Maria Hölzel ihre Zwillinge im dritten Schwangerschaftsmonat. Aber es stellte sich heraus, dass da noch ein weiteres Kind war – und das hatte überlebt!**

Der berechnete Geburtstermin war der 5. März 1957. Aber die Schwangerschaft verlief weiterhin kompliziert. Darum war Maria Hölzel bereits am 19. Februar 1957 wieder im Krankenhaus. Und um 13.15 Uhr kam Johann Hölzel zur Welt – mit einem stattlichen Gewicht von fast fünf Kilo. Ein strammes, gesundes Kind. Wäre es ein Mädchen gewesen, erzählte Maria Hölzel dem Falco-Biografen Peter Lanz, dann hätte das Kind Brigitte geheißen.

Maria Hölzel stammte aus dem Burgenland. Der Vater des Kindes war ihr aus Niederösterreich kommender Mann Alois, der als Werkmeister in einer Maschinenfabrik arbeitete. Um in den harten Nachkriegsjahren in Wien über die Runden zu kommen, musste auch seine Frau arbeiten, als Geschäftsführerin in einer Wäscherei. Diese Arbeitsstelle musste sie aber während der schwierigen Schwangerschaft aufgeben. Das Ehepaar Hölzel lebte in der Ziegelofengasse im Wiener Bezirk Margareten.

Die Tatsache, dass er der einzige Überlebende von Drillingen war, hat Johann Hölzel sein Leben lang beschäftigt. Davon berichtet nicht nur seine Mutter, sondern auch sein späteres Umfeld. Er bezeichnete sich als „einer, mit dem keiner gerechnet hat“. Sein Manager Horst Bork berichtet, dass er nach dem großen Erfolg in den USA sehr nachdenklich gesagt habe: „Einer, den keiner vorgesehen hatte, macht so eine Karriere.“

# POPULÄRER IRRTUM

## Ein kleiner Mozart

**Eine oft kolportierte Geschichte ist, wie Hans Hölzel von seinen Eltern zu einem Vorspiel an der Akademie für Musik geschickt wurde: „Der Professor brachte ihn auf dem Arm heraus und sagte zu mir: ‚Sie, Frau Hölzel, das ist ein kleiner Mozart.' Er betonte, er hätte solch ein absolutes Gehör in seiner Laufbahn noch nie erlebt und würde dringend darauf pochen, das Kind weiter auszubilden."**

Dass Hans Hölzel eine ungewöhnliche Sensibilität für Musik und Klang hatte, ist unbestreitbar. Das bescheinigten ihm auch Kollegen, mit denen er zusammengearbeitet hatte, wie der Schlagersänger Gary Lux. Der erzählte, dass Falco beim Einsingen für die Chöre für das Album „Einzelhaft" jeden Missklang und jeden Fehler sofort erkannte und korrigiert haben wollte.

Das absolute Gehör ist die Fähigkeit, beim Hören eines beliebigen Tones zu bestimmen, ob es ein C, ein H oder ein Fis ist. Und das wiederum bedeutet, dass man sich mit der Notenlehre auskennen muss – was der kleine Hans nicht tat. Wolfgang Amadeus Mozart besaß diese Fähigkeit. Aber Mozart war musikalisch anders vorgebildet als Hans Hölzel. Der, das erzählte die Mutter ebenfalls, konnte keine einzige Note lesen als Kind.

Hans war in einem musikaffinen Haushalt groß geworden. Seine Mutter sang gerne, der Vater spielte Ziehharmonika. Für sein musikalisches Talent bekam er von seinen Eltern Anerkennung, und es wurde mit der Anschaffung eines teuren Instrumentes honoriert. Was ihm so anerzogen wurde, sind eine hohe Sensibilität und eine große musikalische Vorstellungskraft sowie ein gutes Gespür für Rhythmen. Das Ergebnis war vermutlich ein „relatives Gehör", das heißt, Hans konnte intuitiv Harmonien und Disharmonien erkennen und in Notenform zuordnen, wenn ihm die Ausgangstonart bekannt war. Und schon das ist eine ungeheuerliche Begabung.

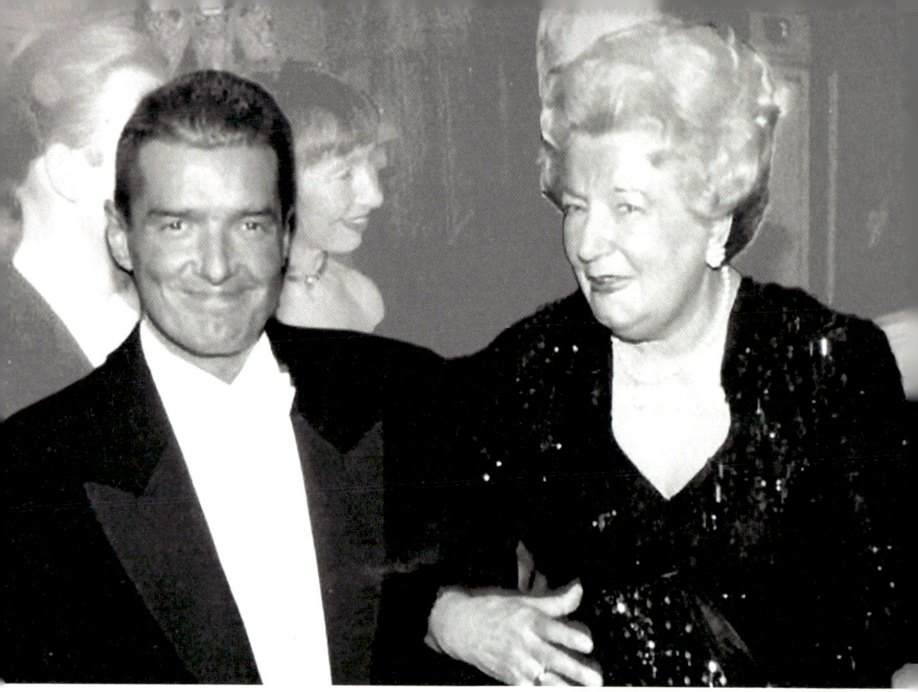

Stolze Mutter: Falco und Maria Hölzel 1995 beim Opernball in der Wiener Staatsoper

# Muttersöhnchen

**Johann, der von seiner Familie und seinen Freunden einfach Hans genannt wurde, war ein Muttersöhnchen. „Eine der wichtigsten Frauen in Hans' Leben war ohne jeden Zweifel seine Mutter", erzählt Falcos Manager Horst Bork. Und man hat den Eindruck, als sei ihm das gehörig auf die Nerven gegangen ...**

Der kleine Hans Hölzel hatte den größten Teil seiner Kindheit zu Hause verbracht. „In den Kindergarten wollte der Hans nie gehen, und so blieb er eben zu Hause", erzählt seine Mutter. Hans sei ein sehr angenehmes Kind gewesen, berichtet sie weiter: „Er war fast überdurchschnittlich brav."

Im Jahr 1968, kurz nach der Einschulung in das Rainer-Gymnasium in Wien-Margareten verließ der Vater die Familie. Ab jetzt war der kleine Hans allein unter Frauen. Da die Mutter ein Lebensmittelgeschäft in der Ziegelofengasse führte, übergab sie den Buben in die Obhut seiner Großmutter. Wie so viele Großmütter vergötterte diese ihren Enkel. Hans vergötterte zwar auch seine Großmutter, aber das „überdurchschnittlich brave“ Kind wusste auch ihr weiches Herz für seine Zwecke auszunutzen. So nötigte er sie beispielsweise, ihm einen Plattenspieler zu kaufen. Außerdem wurde er von der Nachbarin Schlintzi betreut, die den Jungen ebenfalls verwöhnte. Fast alles wurde ihm verziehen, fast alles wurde ihm erlaubt.

Auch Hans' Mutter verhätschelte den Buben nach Strich und Faden, behielt sein Leben aber immer mit einer unnachgiebigen Strenge im Blick.

Wenn es um Beziehungen zu Frauen ging, dann war die Mutter immer die letzte Instanz. „Sie schlug sich immer auf seine Seite“, erzählt Horst Bork, „die Mädchen wollten in der Welt der Mutter ihren geliebten Hansi immer nur um sein Geld erleichtern, ihn von ihr fern- oder von seiner Karriere abhalten.“ Auch als Erwachsener hatte Hans Hölzel immer ein schlechtes Gewissen gegenüber seiner Mutter. Er machte sich Sorgen, wenn er sie nicht angerufen hatte, wenn er am Muttertag nicht in Wien war oder am allerschlimmsten: wenn er ihren Geburtstag vergessen hatte.

# Schüler beim König

**„Nur waßt du, i ziag ma des Gwand, dass der Jandl mein Deutschlehrer war, goa nimma an", erzählte Falco in einem Interview 1996. Und was er da andeutet, hat es in sich: Der König der konkreten Poesie Ernst Jandl soll der Deutschlehrer von Hans Hölzel gewesen sein? Der Interviewer hakt nach, ob das wirklich wahr sei? „Najo, in der Waltergossn, kloa!", antwortet Falco und geht schnell zum nächsten Thema über.**

Mit „Waltergossn" meint Falco das Bundesrealgymnasium in der Wiener Waltergasse. Dort war Jandl von 1953 bis 1979 tatsächlich Deutschlehrer. Es gibt nur einen Haken an der Sache: Falco besuchte das Wiener Rainer-Gymnasium, nicht das BRG. Jandl war zu dieser Zeit noch Lehrer – aber eben nicht der von Hans Hölzel. Es ist schwer vorstellbar, dass die beiden sich während seiner Schulzeit begegnet sind. Wären sie sich später begegnet, während Falcos Karriere, dann wäre das ohne Zweifel dokumentiert worden. Aber es existieren kein Foto und keine Zeitzeugenaussage. Was Falco zu dieser Aussage veranlasst hat, das kann man nur erahnen. Nachdem er dem Interviewer gesagt hat, Jandl sei sein Lehrer gewesen, fährt er fort: „Ich bin a großer Verehrer vom Jandl und überhaupt von der ganzen Wiener Gruppe, vom Artmann angfangen übern Rühm, über alle."

Jandl war in diesem übertragenen Sinne ohne Zweifel einer der wichtigsten Poetik-Lehrer für Falco. Am deutlichsten erkennbar wird das an einem Track von 1989, den Falco zusammen mit dem Dichter Christian Ide Hinze erstellt hat. Der Song besteht aus einem sehr schlichten Synthiebeat und auf Hinzes Anrufbeantworter gesprochenen und rhythmisch über den Beat gesampelten Anrufen Falcos, die sich auf Jandls Gedicht „von Zeiten" beziehen. Falco hat bei Lesungen in der Schule für Dichtung Wien Jandls Gedichte rezitiert, und vor allem auf dem Album „Data de Groove" ist der Einfluss Jandls besonders deutlich hörbar.

# Auf dem Weg zum Profi

**Bis zum Jahr 1981 war Falco vor allem ein äußerst versierter Bassist. „Der Bass", erzählte er 1992 in einem Interview, „war immer geil irgendwie, weil der war tief und laut und guade Vibrations und ohne Bass keine Musik. Und so kam ich zur Bassgitarre."**

Bereits in seiner ersten Band Umspannwerk war Falco Bassist. Er selber habe zwar zuerst ein Gitarrengott werden wollen, erzählte er, habe dann aber schnell gemerkt, dass er es mit all den „Gitarreros" nicht aufnehmen könne. Also stieg er auf den Bass um. Und der brachte ihn gleich eine Karrierestufe weiter. Ende der Siebzigerjahre stieg Falco bei der 1977 gegründeten Hallucination Company ein. Die Internetseite des größten österreichischen Musikpreises „Amadeus" würdigt die Hallucination Company als „schwerst legendäres „Erstes Wiener Musiktheater" rund um Ludwig ‚Wickerl' Adam". Die wichtigste österreichische Nachrichtensendung „Zeit im Bild" nannte die Gruppe „ein Nährbecken, aus dem zahlreiche heimische Stars hervorgegangen sind".
Die Band war bekannt für schrille Auftritte in bunten Kostümen. Bassist Falco aber hielt sich im Hintergrund. Bei Auftritten kultivierte er durch eine große, dunkle Sonnenbrille bereits sein cooles Image. „Das war im Grunde eine Hippie-Renaissance Band", erzählte er später. „Es ging da in der Band oft um Gruppenideologien, die ich einfach nicht verstand, weil sie ihren Ursprung lange vor meiner Erwachsenenzeit hatten." Ende der Siebzigerjahre verließ Falco das Musiktheater und machte den nächsten Schritt zum Musikprofi: Er stieg bei Spinning Wheel ein.

Die Band Spinning Wheel war der kommerzielle Arm der Avantgarde-Chaos-Truppe Drahdiwaberl. Die 1972 gegründete Gruppe trat sehr erfolgreich als Partyband in Bars oder Diskotheken auf und spielte dort höchst professionell Coverversionen bekannter Charthits. Mit den zahlreichen Engagements verdienten die Musiker sich über den Monat verteilt ein ordentliches

Gehalt zusammen. Bei Spinning Wheel traf Falco auf Musiker wie Peter Vieweger und Thomas und Bernhard Rabitsch, die später treue Wegbegleiter wurden. Die Profis traten stets in schnieken Kostümen auf, die sich an die Garderobe aktueller Stars anlehnten, etwa an John Travolta in „Saturday Night Fever". Die Shows folgten einer straffen Choreografie: Jeder Schritt, jeder Ton saß, jeder Song kam zur rechten Zeit. Oft dauerten die Auftritte sechs bis acht Stunden – echte Knochenarbeit. Hans Hölzel stieß 1979 zur Band, seine Engagements mit der Gruppe absolvierte er aber auch noch, als er 1982 mit „Der Kommissar" längst zum Star geworden war.

Doch Falco wollte mehr sein als ein Partymucker, er wollte zur Wiener Avantgarde gehören. Und da die meisten Mitglieder von Spinning Wheel auch der Wiener Kult-Truppe Drahdiwaberl angehörten, dauerte es nicht lange, bis Falco hier ebenfalls Mitglied wurde. Wer zu einem Drahdiwaberl-Konzert ging, musste mit allem rechnen: Sex auf der Bühne, kotzende Musiker, Torten im Gesicht. Es gab nichts, was nicht passieren konnte. Drahdiwaberl war ein Orkan aus Hohn, Spott, Dreck, Protest und Krach. Und im Auge des Orkans stand seit Mitte der Sechzigerjahre der Bandchef Stefan Weber. Kaum zu glauben, dass dieser Typ mit dem Nietzsche-Schnauzbart und der hohen Stirn, der sich auf der Bühne aufführte wie ein Berserker, im Hauptberuf Lehrer war und Gymnasiasten in Kunst unterrichtete! In den Sechzigerjahren hatte er an der Wiener Akademie der Künste studiert – und er war ausgebildeter Grafiker. Er war es, der später das Cover von Falcos Debütplatte „Einzelhaft" gestaltete.

So stellt man sich den Lehrer seiner Kinder nicht vor:
Drahdiwaberl-Frontmann Stefan Weber, 1986

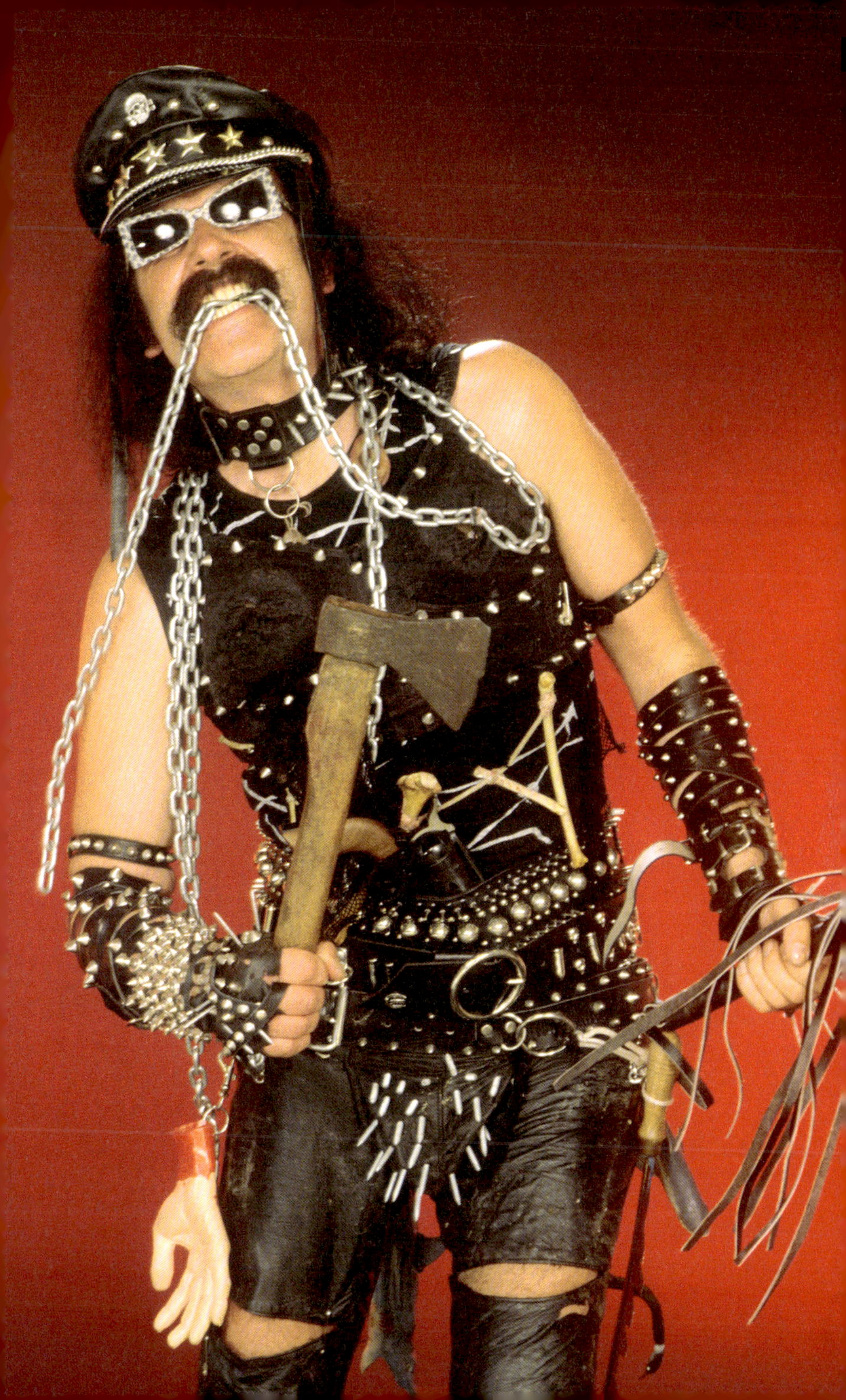

AHA!

# Falco, der Soldat

**Johann Hölzel war Soldat. Kaum zu glauben, aber wirklich wahr: Im Jahr 1975 zog sich Hansi Hölzel die Uniform des Österreichischen Bundesheeres an. Ein siebzehnjähriger Schul- und Ausbildungsabbrecher mit langen Haaren, der Probleme mit der Autorität seiner Lehrkräfte hatte, machte Dienst an der Waffe.**

Acht Monate dauerte damals der Präsenzdienst beim Bundesheer. Noch unglaublicher: Hansi Hölzel meldete sich freiwillig! Da das Freiwilligenkontingent bereits voll war, blieb der Einberufungsbefehl zunächst aus. Hansi Hölzel gab jedoch nicht auf – er telefonierte sich bis zum Verteidigungsministerium durch. Und schließlich konnte er tatsächlich einrücken. Die Grundausbildung absolvierte er in Kaiserebersdorf, einem Vorort von Wien, seine restliche Dienstzeit verbrachte er in der Meidlinger Kaserne.

Was den 17-jährigen Buben geritten hat? Mit 16 Jahren hatte Hans Hölzel eine eigene Wohnung. Er lebte das ziellose Leben eines Wiener Bohémiens. Kurz zuvor hatten eine Fünf in Mathe und eine rekordverdächtig hohe Zahl an Fehltagen seiner gymnasialen Schulkarriere das Genick gebrochen. Wiederholen wollte er die Klasse nicht. Seine Zukunftspläne sahen schwammig aus. Irgendetwas mit Musik, vielleicht Malerei? Oder Schauspielerei? Pläne, von denen seine Mutter natürlich nichts hielt. Sie bedrängte ihn so lange, bis er einen Job bei der Pensionsversicherungsanstalt für Angestellte annahm. Ihre Hoffnung war, dass er dort eines Tages pragmatisiert (so heißt Verbeamtung in Österreich) würde.

Aber der Hansi langweilt sich dort. Als er die Stelle kündigt, verspricht er seiner geschockten Mutter, er werde am Musikkonservatorium studieren. Und die Zeit bis dahin werde er mit dem Bundesheer überbrücken.

Hansi Hölzel diente bei den Fernmeldeaufklärern. „Ich fand die Zeit ganz gut“, erzählte er später. „Mir ist es dort sehr gut ergangen. Ich wurde zu einem regelmäßigen Leben gezwungen, etwas, was mir sonst immer gefehlt hatte.“

Der Dienst beim Militär hat auch positive Auswirkungen auf seine Musikkarriere: Der viele Leerlauf beim Bundesheer ermöglicht ihm auch viel Übungszeit auf Gitarre und Bass.

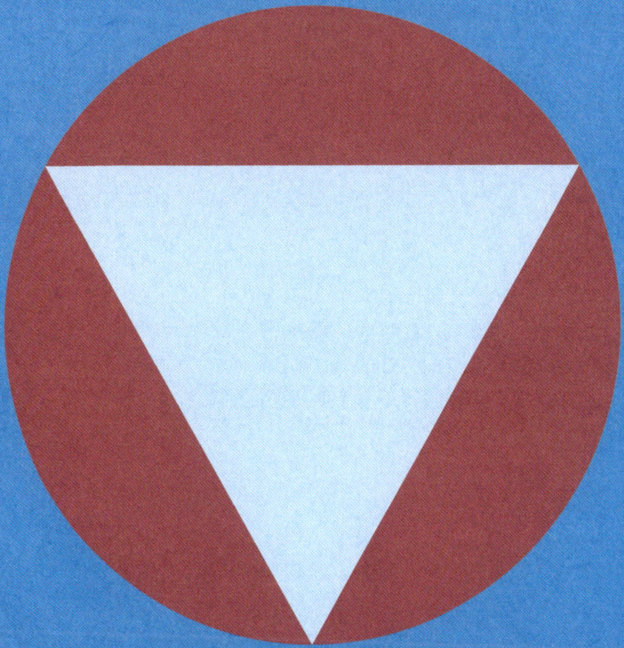

Wappen des Österreichischen Bundesheers

# Die Kunstfigur

**„Intern hatten wir oft die Floskel „Hans Hölzel spielt Falco“ – das war ein stehender Spruch“, erzählt der Manager Horst Bork in einem Interview. „Falco“ war tatsächlich eine Kunstfigur, die Hans Hölzel im Laufe seiner Karriere für den nötigen Starglamour, aber auch zum Selbstschutz immer weiterentwickelt hat. Mit schwierigen Folgen.**

## Der Name

Hans Hölzel? So heißt man nicht als Star! „Hölzeln“ ist ein Wiener Dialektausdruck für lispeln. Also suchte Hans Hölzel einen Künstlernamen. Und am 1. Januar 1978 fand er ihn: Er schaute sich gelangweilt das Neujahrsskispringen im Fernsehen an, wo ihm einer der Springer im Gedächtnis blieb – nicht, weil er so außerordentlich gut war, sondern wegen seines Namens: der DDR-Sportler Falko Weißpflog. Wann genau Hans Hölzel den Beschluss fasste, sich Falco mit „c“ zu nennen, ist nicht ganz klar. Überliefert ist, dass er den Namen zunächst in Kombination mit verschiedenen Nachnamen benutzte: In Berlin nannte er sich „Falco Stürmer“, andernorts „Falco Gottehrer“.

Typisch kryptisch merkte Falco später an: „Dann habe ich mir gedacht, eigentlich reicht Falco, und offenbar hatte ich recht.“

## Die Frisur

Die zurückgekämmten und pomadisierten Haare waren ein Markenzeichen Falcos. Über diese Frisur kursierten sogar eine Zeit lang Witze. Einer geht so:

> *Falco ist in der Wüste. Seit Tagen hat er schon kein Wasser mehr gehabt. Mit letzter Kraft erreicht er eine Oase und stöhnt: „Endlich Wasser!“ Gierig schaufelt er mit beiden Händen Wasser aus dem Oasentümpel – und bringt damit seine Frisur in Form.*

Der Witz lebt beim Erzählen von dem pantomimischen Moment, wenn Falco „Endlich Wasser!“ stöhnt und gleichzeitig mit selbstverliebter Geste mit dem Wasser die Haare zurückstreicht.

Von Anfang an suchte Hans Hölzel eine Bühnenpersona. In den Siebzigerjahren trug er seine Haare zeittypisch lang und offen, manchmal band er sie zu einem Pferdeschwanz. Woher das Vorbild für die Pomadenfrisur kam, weiß man nicht. Vielleicht wurde sie durch den 1978 veröffentlichten Film „Schöner Gigolo, armer Gigolo“ inspiriert, der im Berlin der Zwanzigerjahre spielt. David Bowie mimt die tragische Figur des Leutnants Paul Ambrosius von Przygodski, der sich elegant mit pomadisierten Haaren und im Frack durch das dekadente Berliner Nachtleben bewegt. Aber vielleicht war Falcos Frisur auch nur ein Gegenentwurf zu den uniformen langen Hippie-Haaren der Wiener Szene in den Siebzigerjahren?

Die Videoregisseure Rudi Dolezal und Hannes Rossacher entwickelten in ihrem Falco-Roman „Hoch wie nie“ eine frei erfundene Szene, in der Falco durch Schwabing schlendert, eine peinliche Begegnung mit einem Friseur hat, der ihn dann mit der Pomade „Brisk“ bekannt macht und ihm erstmals seine Signatur-Frisur auf den Kopf klatscht.

## Der Smoking

Am Anfang seiner Karriere trat Hans Hölzel in einer Art Edelhippie-Look auf. Mit dem Beginn seines Engagements bei Spinning Wheel hatte er mehr Geld, mit dem er sich unter anderem edle Klamotten finanzierte. Zu Zeiten von „Der Kommissar“ trat Falco bereits mit Pomadenfrisur und Sonnenbrille auf. Manchmal trug er edle Schuhe, Anzug und Krawatte, manchmal auch Jeans und Sakko. Der Falco, wie man ihn aus dem Video zu „Rock Me Amadeus“ kennt, entwickelte sich erst im Laufe der Jahre 1983 und 1984 mit den Vorbereitungen für sein Album „Junge Roemer“. Falco hatte den damals noch jungen Wiener Modemacher Helmut Lang kennengelernt. Horst Bork erinnert sich: „Hans überredete den späteren Mode-Superstar, bei den ‚Jungen Roemern‘

an Bord zu kommen und das Styling zu übernehmen." Falco probierte alles Mögliche aus, Anzüge, Smokings, Fräcke, Capes, Hemden und Schuhe. Alles von Helmut Lang. Und auf dem Coverfoto des Albums erschien er dann – der edle Falco mit zurückgekämmten Haaren, weißem Hemd und Smoking! Und auch im Video zur Single „Junge Roemer" taucht er auf. Vielleicht soll das Erscheinungsbild auch an das Bühnenoutfit des 1983 an AIDS gestorbenen exzentrischen Sängers Klaus Nomi erinnern, der wie eine Spielzeugpuppe mit einem Plastiksmoking und weiß geschminkt auftrat ...

## Das Auftreten

Klaus Nomis kurze Karriere ist eng verbunden mit David Bowie, der ihn 1978 als Backgroundsänger für einen Auftritt bei der Fernsehsendung „Saturday Night Live" engagierte. Das fiel in die Zeit, in der sich Bowie die Bühnenpersona des Thin White Duke zugelegt hatte, die perfekt zu seiner Rolle in „Schöner Gigolo, armer Gigolo" passte: zurückgekämmte Haare, weiße Hemden, schwarze Westen und schwarze Hosen. Nomi und Bowie zeigten auf der Bühne eine sehr akzentuierte und kontrollierte Gestik. Tanz oder Mimik wurden hauptsächlich angedeutet, dann aber mit überdeutlicher und großer Geste. Bowie setzt seine Erfahrungen als Schauspieler und Pantomime gekonnt ein.

Genau das ist es, was auch Falco auf der Bühne macht. Er ahmt dabei nicht nur David Bowie nach, er hat mit dem „Ersten Wiener Musiktheater", also der Hallucination Company, selbst Erfahrungen in diesem Bereich gesammelt. Stets tritt er mit einem leicht spöttischen und distanzierten Gesichtsausdruck auf. Er kombiniert den Thin White Duke mit seinem ganz speziellen Wiener Schmäh, dem besonderen Wiener Charme. In Interviews gibt er sich larmoyant grinsend und über den Dingen stehend. Wie sehr der Thin White Duke ein Vorbild für Falco war, zeigt sich auch daran, dass er in den Komponistencredits seines Songs „Mutter, der Mann mit dem Koks ist da" als „White Duke" firmiert.

## Die Folgen

Rudi Dolezal und Hannes Rossacher treffen in ihrem Falco-Roman eine interessante Unterscheidung, um ihre Hauptfigur zu charakterisieren: Falco und Johann Hölzel sind bei ihnen zwei Personen in einem Körper. Und im Laufe der Zeit verschwimmen die beiden immer mehr. Das führt zu unauflösbaren Spannungen, denen die beiden mit Whisky beizukommen versuchen. Dass das schief gehen muss, ist absehbar. Da ist einerseits die tiefe Sehnsucht von Hans Hölzel nach Ruhe und Geborgenheit. Andererseits ist da der stets ironische Superstar Falco, der Sex, Drogen und Rock'n'Roll geradezu personifiziert. Gleichzeitig erstickte das ungesunde Leben der Kunstfigur Falco aber auch die eigene Kreativität.

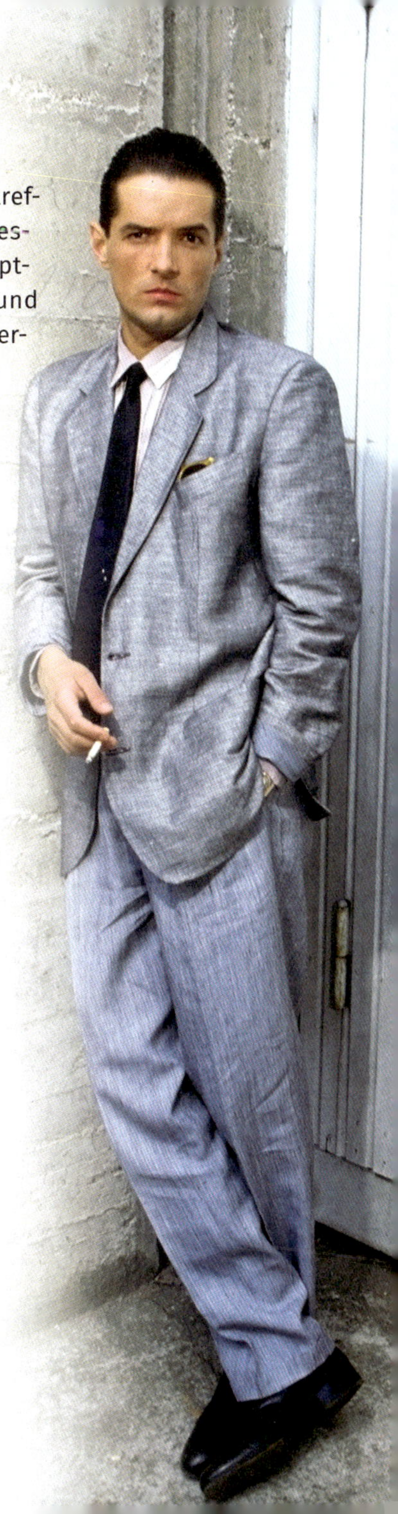

Cooler geht es kaum:
Falco im Mai 1984

# Ganz Wien ist auf Kokain

**Es war Markus Spiegel, ein ehemaliges Mitglied von Drahdiwaberl, der in Falco Starqualitäten erkannte. Ende der Siebzigerjahre hatte er sein Plattenlabel GiG-Records gegründet und seine alten Kumpels von Drahdiwaberl unter Vertrag genommen. Und Falco war ihm sofort ins Auge gestochen.**

„Er wirkte wie der junge Alain Delon“, meinte Spiegel. Ihm war auch bekannt, dass Falco bei den Musikprofis von Spinning Wheel mitspielte. Falco brachte also die wilde Avantgarde mit abgebrühter Professionalität zusammen. Und genau das veranlasste Markus Spiegel dazu, ihn auch als Solokünstler unter Vertrag zu nehmen. Die erste Single, die Falco für GiG-Records herausbrachte, war sein Drahdiwaberl-Hit „Ganz Wien“.

Der Text erzählt von einem Junkie, der rastlos durch die Wiener Straßen zieht. Der Drogenkonsum ist ihm deutlich anzusehen. Weil er das Hirn voll Heavy Metal hat, verkehrt er wohl in der Wiener Underground-Szene, denn dort war diese Musikrichtung zur Entstehungszeit des Songs angesagt. Der Geruch nach dem Leichenkonservierungsmittel Formalin ist ein zynischer Hinweis auf die vielen Drogentoten im Wien der Achtzigerjahre. Dass dem Junkie sein Zustand keinen Kummer bereitet, wie es im Text heißt, liegt wohl daran, dass das damals wohl eine gewisse Normalität hatte: die Drogenapokalypse als Lifestyle.

In der zweiten Strophe erlebt der Hörer mit dem Junkie einen Drogenrausch. Er begegnet dem damaligen österreichischen Bundeskanzler Bruno Kreisky, dem Finanzminister Hannes Androsch und rätselhaften Goldfischen, die im U4 geigen. Selbst die Donau gerät außer Rand und Band. Der Song schleicht sich ganz ruhig an, um sich zum Drogenrausch hin apokalyptisch und psychedelisch zu steigern.

Falco sah den Song als Antidrogensong. Die österreichischen Radiosender boykottierten ihn trotzdem.

# Das U4

**„Im U4 geigen die Goldfisch", singt Falco in seinem Skandalhit „Ganz Wien". Das U4 ist ein Szenelokal in Wien, das in den Achtzigerjahren die gute Stube der Wiener Szene und Anlaufhafen für internationale Stars war.**

Das Etablissement war eigentlich als U-Bahn-Station geplant, konnte aber aus statischen Gründen nicht als solche genutzt werden. 1980 eröffnete dort das nach der U-Bahn-Linie U4 benannte Lokal. Dort verkehrten Punker, Rocker und Waver, Menschen mit verwegenen Frisuren und gewagten Outfits. Auch die Schriftstellerin Elfriede Jelinek oder der junge Modeschöpfer Helmut Lang waren Stammgäste. Und natürlich Falco, für den das Lokal die Vernetzungsbörse schlechthin war. Im Video zu seiner ersten Single „Ganz Wien" performt er den Song passend zu dessen Text auf der Bühne des U4. Aber im Gegensatz zu Nirvana, Sade oder Prince ist Falco niemals live im U4 aufgetreten.

Der legendäre Türsteher des Clubs, Conny de Beauclair, hat sich zu einer Art Archivar der Geschichte des U4 entwickelt. Und natürlich hat er auch einige Geschichten über Falco zu erzählen. „Die Leute waren viel zu cool, um ihn um ein Autogramm zu fragen oder Ähnliches", erzählte er dem „Vice"-Magazin. „Er fühlte sich wohl, weil er er selbst sein konnte, was auch immer das gerade hieß."

Das U4 existiert bis heute.

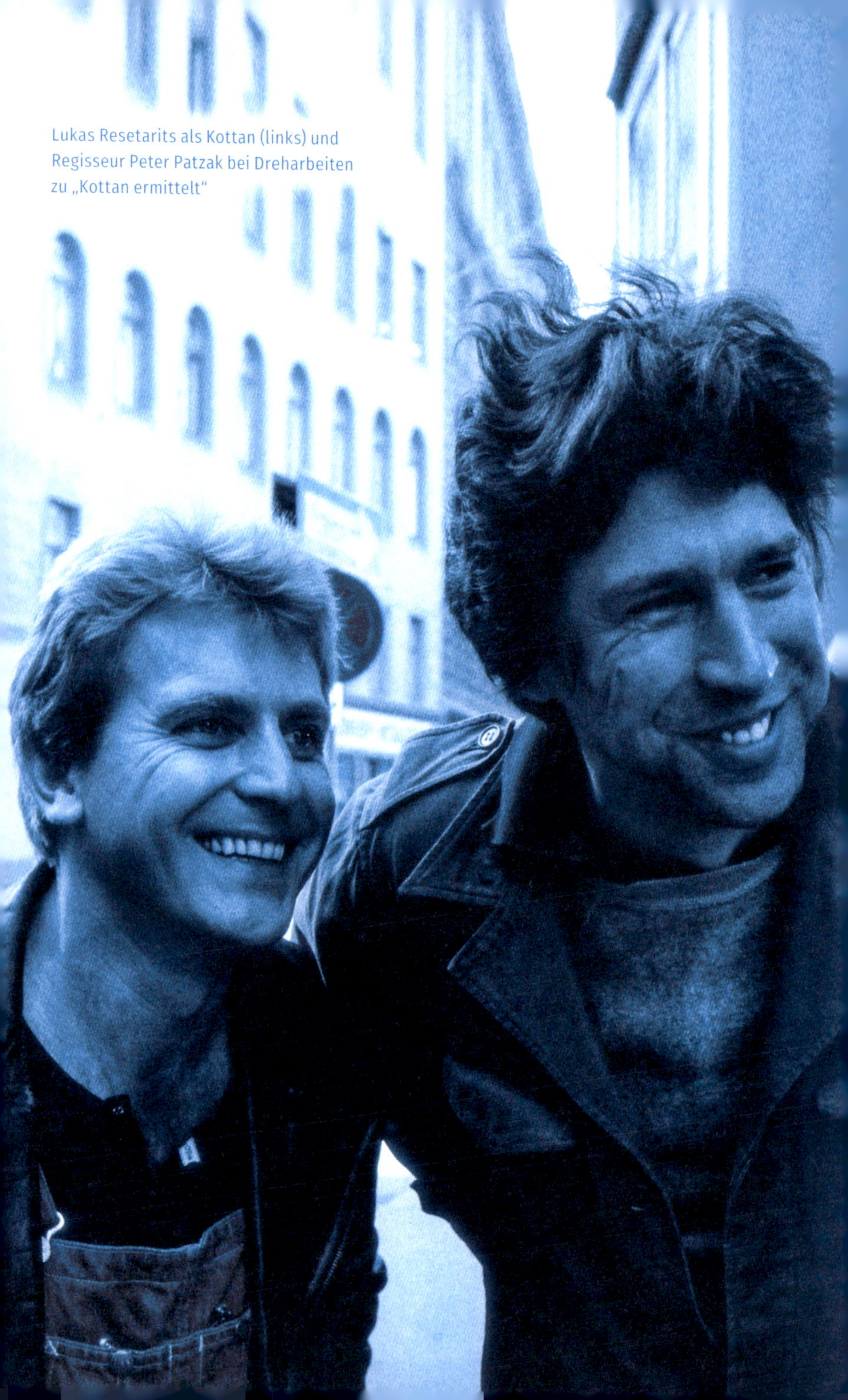

Lukas Resetarits als Kottan (links) und Regisseur Peter Patzak bei Dreharbeiten zu „Kottan ermittelt“

AHA!

# Mit Kommissar Kottan zum Erfolg

**„Kottan ermittelt" ist eine legendäre Krimisatireserie des ORF. Zeitweise lief „Kottan" auch am Freitagabend im ZDF zusammen mit den biederen deutschen Serien „Derrick", „Der Alte" und „Ein Fall für zwei".**

Erfunden hatte die Figur des Polizeimajors Adolf Kottan der Autor und Musiker Helmut Zenker. Zenker war ein typisches Kind der Wiener Szene. 1974 ließ er Kottan erstmals in einem Hörspiel auftreten, ab 1976 wurden insgesamt 19 Folgen der Serie gedreht. Nach der sechsten Staffel wurde sie 1984 beendet. Regie führte bei allen Folgen Peter Patzak.

Kottan wurde zunächst von Peter Vogel, dann von Franz Buchrieser und schließlich in den meisten Folgen von Lukas Resetarits gespielt. Er ermittelt nicht nur vollkommen unfähig in hanebüchenen Kriminalfällen, er ist auch Musiker und hat eine eigene Band.

Zum festen Personal der Serie gehörten der von Kurt Weinzierl dargestellte Polizeipräsident Pilch und Kottans Assistent Schrammel (Curth Anatol Tichy). Der Major lebt mit seiner Frau Ilse (Bibiane Zeller) bei seiner kriminalistisch begabten Mutter (Gusti Wolf). Was all das mit Falco zu tun hat?

Falco taucht in der 1981 gedrehten Folge „Die Entführung" auf, in der es um den von Drahdiwaberl-Chef Stefan Weber dargestellten erfolglosen Schlagersänger Robert Weller geht. Falco ist als Bassist von Wellers Band zu sehen, später sieht man ihn noch mal als Teil von Kottans Band, die im Sänger-Wettstreit „Showchance" gegen seinen Chef Pilch antritt.

„Der Kommissar" ist in der im Dezember 1981 gesendeten Folge „So long, Kottan" am Anfang und am Ende zu hören. Kurz darauf stand der Song auf Platz 1 der österreichischen Singlecharts.

# Das Vorbild

**Falcos Song „Helden von heute" sei geschnitzt aus einer Rippe des Songs „Heroes" von David Bowie, befand Markus Spiegel.**

Produzent Robert Ponger bezeichnete den Song sogar als Coverversion. Falco hatte das Lied 1981 als seine erste Single alleine komponiert und getextet. Was der Produzent Robert Ponger aus dem Song machte, ist ein hellstrahlender New-Wave-Diamant. „Hans wollte, dass ich quasi Heroes nachbaue", berichtet Ponger. „Und dann nennt er das Lied auch noch ‚Helden von heute'!" Über diese Empörung von Robert Ponger kann man durchaus streiten. Falco selber meinte 1996, der Song sei eine Hommage an David Bowie. Und er gestand relativ freimütig, sich das Bassriff von „Heroes" geklaut zu haben. Klar ist, dass der Song durch „Heroes" inspiriert ist und sich teilweise auf dessen Rhythmik und Harmonien aufbaut, aber in wesentlichen Teilen ist „Helden von heute" etwas ganz anderes. Für David-Bowie-Fans ist das sicher ein Sakrileg, aber meiner Meinung nach ist Falcos „Helden" besser als Bowies „Heroes": Der Sound ist klarer, das Arrangement perlt luftig, es gibt viele kleine Details zu entdecken – und vor allem: Der Text ist besser. Während Bowie voller Pathos von einer kitschigen Liebesgeschichte singt, ist Falcos Text eine messerscharfe Zeitgeistdiagnose!

Popmusik bezieht sich immer auf andere Popmusik. Jeder Popmusiker hat bestimmte Vorbilder oder orientiert sich an einem bestimmten Sound. Was wären die Beatles ohne Chuck Berry, Jerry Lee Lewis oder Buddy Holly gewesen? Was wären Oasis, Blur oder Pulp ohne die Beatles? Es ist falsch, Falco als Plagiator darzustellen. „Helden von heute" ist Pop de luxe in Reinkultur.

Falco war der Welt größter David-Bowie-Fan. Das komplette Album „Junge Roemer" nimmt Bezug auf Bowie. Im Song „Junge Roemer" zitiert Falco eine komplette Textzeile aus Bowies „Fantastic Voyage": „Never stop this old erosion phantastic voyage". Song und Albumtitel lehnen sich an Bowies „Young Americans" an. Bei „Nothing Sweeter Than Arabia" auf dem Album „Falco 3" winkt von Ferne der Bowie-Klassiker „The Secret Life of Arabia". Und der großartige Song „Sand am Himalaya" auf dem Album „Wiener Blut" verwendet eine komplette Melodiesequenz aus Bowies Song „Sound and Vision". Aus Bowies Textzeile „Blue, blue, electric blue / That's the color of my room", macht Falco „Zu, zu immer zu / Wondering why I'm feeling blue". Und sogar Major Tom kommt im Song „Satellite to Satellite" in einem Vers vor. Und der Titel des Songs und des Albums „Nachtflug" beziehen sich eindeutig auf David Bowies „African Night Flight".

Bowie ist in Falcos Songs ständig präsent, wird aber immer mit angemessenem Respekt in sein eigenes Material eingebettet.

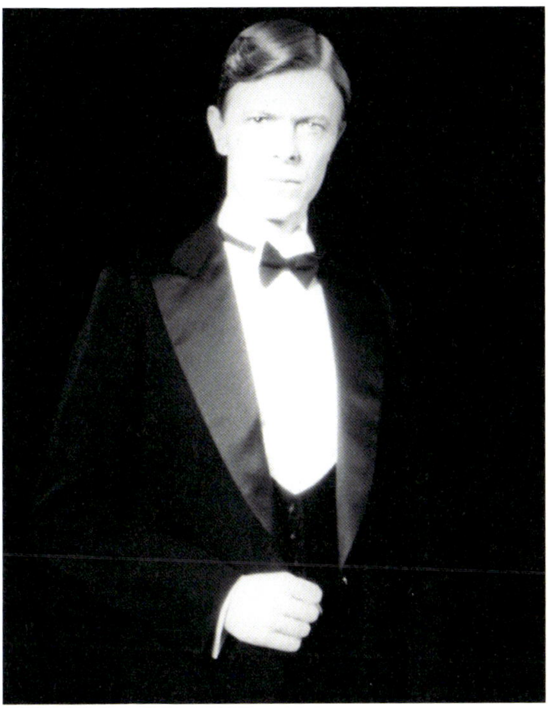

Vorbild für Falcos Style: David Bowie in „Schöner Gigolo, armer Gigolo" aus dem Jahr 1978

AHA!

# Irrungen und Wirrungen

**Falco hatte auf Anregung seiner Plattenfirma zusammen mit dem Produzenten Robert Ponger zwei Songs für seine Debüt-Single aufgenommen. Zuerst hatte er ihm begeistert seinen Song „Helden von heute" präsentiert, den Ponger dann auch auftragsgemäß produzierte. Aber eine Single benötigt eine B-Seite. Diese B-Seite war „Der Kommissar".**

Falco hatte Ende 1981 einen kleinen Auftritt in der legendären Krimisatire-Serie „Kottan ermittelt". Bei den Dreharbeiten kam ihm der Gedanke, ein Lied über den „Kommissar" Kottan zu schreiben. Der hat in der Fernsehserie zwar den Dienstgrad „Major", aber das scheint dem Ex-Soldaten Falco egal gewesen zu sein. Jedenfalls diskutierte Falco diese Idee wohl auch mit den Anwesenden einer Geburtstagsparty des Kottan-Darstellers Lukas Resetarits. Heraus kam dabei der Text „Der Kommissar", der nun als B-Seite der Single dienen sollte.

Der berühmte Refrain „Drah di net um (oh, oh, oh) / schau, schau der Kommissar geht um" beruht auf einem bei dem Sing- und Fangspiel „Plumpsack" gesungenen Reim, „Dreh dich nicht um / der Plumpsack der geht um". Auch die Melodie des Refrains ist eine kleine Leihgabe: Horst Bork erzählt, dass Falco ihm gesagt habe, die Melodie, zu der der Kinderreim gesungen wird, sei „gefladelt", also geklaut. Die höre sich nämlich an wie Rick James' 1981 erschienener Hit „Superfreak". Tatsächlich sind die vier Töne, zu denen „Drah di net um" gesungen wird, identisch mit einer Synthiesequenz in „Superfreak". MC Hammer hat später ein Sample genau dieser Stelle für seinen Hit „U can't touch this" verwendet.

Falco reiste nach Hamburg, um dem bei der Plattenfirma Teldec angestellten Musikmanager Horst Bork „seinen Hit" „Helden von heute" zu verkaufen. Der Song überzeugte ihn nicht, doch Bork fragte der Höflichkeit halber, ob denn auch eine

B-Seite produziert worden sei. „Haben wir schon“, meinte Falco abwiegelnd. Aber es gehe darin um Kokain, das würde dann eh keiner im Radio spielen. Bork wollte den Song trotzdem hören. Und er war elektrisiert. „Der Kommissar“! Das war der Hit!

Markus Spiegel und Robert Ponger sahen das genauso und überzeugten schließlich auch den Künstler davon. Und sie hatten recht: „Der Kommissar“ ging durch die Decke. Nicht nur in Österreich und Deutschland, sondern in ganz Europa. Die Coverversion „Don't Turn Around“ der Band After the Fire schaffte es sogar in die Top 10 der US-Charts.

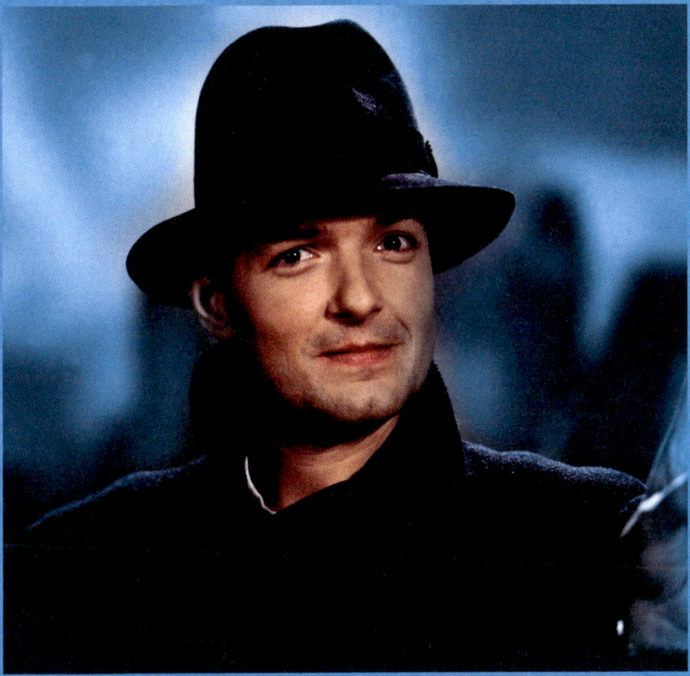

# Der dritte Mann ohne Eigenschaften

**„Ich bin der einzige Mensch in Wien, der die 1980er ohne eine Zigarette, ohne einen Schluck Alkohol oder sonstige Zaubermittel überstanden hat“, sagt Robert Ponger von sich selbst. Falco und sein erster kreativer Partner und Produzent waren krasse Gegensätze.**

Denn Falco wird ja immerhin das berühmte Zitat „Wer sich an die Achtziger erinnern kann, hat sie nicht miterlebt“ zugeschrieben. Entsprechend zwiespältig sind Pongers Erinnerungen: „Ich weiß nicht, ob wir Freunde waren“, meint er. „Aber uns hat etwas verbunden, wir waren uns kreativ sehr nah verwandt.“ Ponger ist ziemlich pressescheu. Lange hat er sich über Falco nicht öffentlich geäußert. Erst zur Wiederveröffentlichung des Albums „Einzelhaft“ gab er ein paar Interviews.

Ponger war in den Siebzigerjahren Mitglied der Progressive-Rock Gruppe Acid. In den Achtzigerjahren gründete er das Stereo West Studio und konzentrierte sich ganz auf seine Produzententätigkeit. Neben Reinhold Bilgeris Hit „Video Life“ produzierte er auch Udo Jürgens, Reinhard Fendrich, Waterloo & Robinson, Wolfgang Ambros, Georg Danzer und noch eine ganze Menge andere Austropop-Größen.

Falco charakterisierte die Zusammenarbeit in einem Brief an Ponger als „Hirn-Ping-Pong mit Ponger“. Und dieses Hirn-Ping-Pong hatte es in sich. Die beiden hatten eine klare Arbeitsteilung. Robert Ponger schrieb die Songs und arrangierte sie, Falco schrieb die Texte. So ist auch der Hit „Der Kommissar“ als Startpunkt für Falcos Karriere entstanden.

Drei Alben haben die beiden miteinander produziert. 1982 landeten sie mit dem Album „Einzelhaft“ einen großen Erfolg. „Bei den Aufnahmen zu ‚Einzelhaft‘ hat er seinen Job mit einer

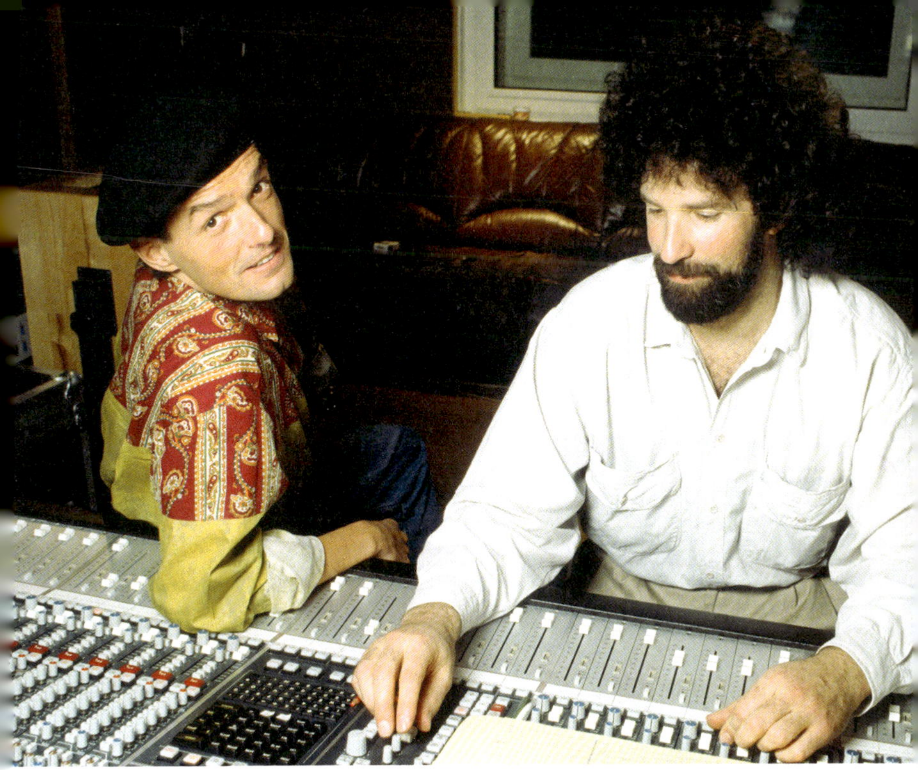

Falco mit Robert Ponger im Tonstudio in Wien

unglaublichen Leichtigkeit erledigt“, erinnert sich Ponger. „So war es später nie wieder.“ Schon 1983 bei „Junge Roemer“ krachte es gewaltig zwischen den beiden. Alkohol und Erwartungsdruck legten Hans Hölzel lahm. Und über das 1990 veröffentlichte „Data de Groove“ meint Ponger: „Fakt ist, wir haben die Aufnahmen irgendwie zu Ende gebracht.“

Beim Pop-Krone-Konzert am 1. November 1982 in der Wiener Stadthalle gehörte Robert Ponger als Keyboarder zu Falcos Band. Bei der Vorstellung seiner Musiker bezeichnete Falco seinen Produzenten als den „dritten Mann ohne Eigenschaften“. Anspielungen auf den Wien-Krimi-Noir-Klassiker „Der dritte Mann“ und Robert Musils Wien-Roman-Großprojekt „Der Mann ohne Eigenschaften“. Bei aller Ironie: Was für ein Lob!

# Falco gehörte zur NDW

**Die Neue Deutsche Welle war zunächst eine Underground-Angelegenheit. Bands wie DAF, SYPH oder ZK machten eine an die britische New Wave angelehnte Musik. Brennpunkte der westdeutschen Szene waren Düsseldorf, Hamburg und Westberlin. Dass Falco zur NDW gezählt wird, ist den äußeren Umständen zuzuschreiben, so aber nicht richtig.**

Folgt man dem Musikhistoriker Jürgen Teipel, dann entwickelte sich die Neue Welle ab etwa 1976 aus der Punkszene heraus. Während Punk sich noch klar an klassischen Gitarrenbands orientierte, wurde die Bandbreite bei New Wave/der Neuen Deutschen Welle größer und experimentierfreudiger. Das wesentliche Merkmal dieser ersten Phase der NDW war aber die Entscheidung, deutsche Texte zu singen.

Anfang der Achtzigerjahre konnten einige der Undergroundbands ernsthafte Erfolge verbuchen. „Es geht voran“ von Fehlfarben oder „Der Mussolini“ von DAF wurden zu Hits. Jetzt erkannten die Plattenindustrie und viele Profimusiker das kommerzielle Potenzial der NDW. Mit „Da Da Da ich lieb dich nicht du liebst mich nicht aha aha aha“ der Band Trio kam die NDW zu einem ersten Höhepunkt. Acts wie Nena, Fräulein Menke oder Markus verschlagerten die NDW langsam, aber sicher. Und schließlich setzte ab etwa 1983 mit Songs wie „Die Sennerin vom Königsee“ der Band Kiz eine Art Vervolkstümlichung ein. 1984 schließlich war die Neue Deutsche Welle tot.

Falcos „Der Kommissar“ wurde Anfang 1982 zum Hit, also zur Hochphase der NDW. Und sicherlich hat ihm die Neue Welle Rückenwind verschafft. Aber weder gehörte Falco der NDW-Underground-Szene an noch war er einer der NDW-Schlager-Klone der großen Plattenfirmen. Falco war ein Kind des Wiener Undergrounds. Während andere Bands 1985 kommerziell endgültig untergingen, startete Falco mit „Amadeus“ in diesem Jahr erst richtig durch.

# Mr. Jack Daniel's & Mr. Johnny Walker

**Falco hatte ein massives Alkoholproblem. In den Credits seines Albums „Falco 3" schrieb er: „Thanks to ... Mr. Johnny Walker and Mr. Jack Daniel's for coming in the evening." Das ist kein Understatement.**

Der exzessive Alkoholkonsum wurde erstmals 1983 während der Aufnahmen zu „Junge Roemer" zum Problem. Falco kam mit dem Erfolgsdruck, der auf ihm lastete, nicht klar. „Er freute sich aufrichtig und intensiv über jede Platzierung in den Hitparaden, aber einen Augenblick später saß er abseits in einer Ecke, trank wie zur Betäubung drei doppelte Whisky und haderte mit der Situation", berichtet Horst Bork. Und je länger Falcos Karriere dauerte, umso schlimmer wurde es: Er war bei Studioaufnahmen betrunken und zertrümmerte in Rage geraten im Rausch seine Hotelzimmer.

Robert Ponger warf bald das Handtuch, auch die Bollands kamen mit seinem Alkoholkonsum nicht klar. Dass Drogen die Kreativität fördern, ist ein Mythos. Die Mischung aus Erfolgsdruck und dessen Betäubung durch Drogen verschlechterte massiv Falcos Fähigkeit, Texte zu schreiben, die seinem eigenen Anspruch gerecht wurden.

Falco sehnte sich nach Erfolg und Anerkennung, litt aber unter der Einsamkeit nach triumphalen Auftritten oder großen Erfolgen. Noch weniger konnte er mit Misserfolgen umgehen. Er sehnte sich intensiv nach der Geborgenheit einer festen Beziehung und einer Familie, übertünchte aber seine Einsamkeit mit regelmäßigen Exzessen und der Scheingeborgenheit von Bordellbesuchen. Dass unter diesen Umständen seine Ehe schwierig verlief, kann man sich denken.

Immer wieder gelang ihm für ein paar Monate ein Ausbruch aus dem Teufelskreis. Vor allem, wenn er auf Reisen mit seinem Freund Billy Filanowski oder seinem Presseberater Hans Mahr war. Aber der Absturz ließ meistens nicht lange auf sich warten.

# Ein verkanntes Meisterwerk

**1983 war Falco in Österreich der Größte. „Der Kommissar" war ein Welthit. Und auch das Debut-Album „Einzelhaft" war weltweit gut gelaufen. Kritiker und Publikum liebten den österreichischen Superstar. Umso größer war der Druck beim zweiten Album.**

Falco entwickelte dafür ein Konzept, von dem er vollkommen überzeugt war. „Ich werde eine Latte legen, über die kein anderer Österreicher mehr springen wird", lautete die Vorgabe. „Cool bis unterkühlt" sollte das Gesamtkunstwerk werden. Dazu gehörten neben der Musik und den Texten auch das gesamte Umfeld: Styling, Videos, Fotos und Grafiken sollten auf allerhöchstem Niveau sein. Für die Videos wurden erstmals Rudi Dolezal und Hannes Rossacher engagiert. Sämtliche Anzüge und Fräcke bestellte Falco bei dem damals jungen Modemacher Helmut Lang. Die kühlen schwarz-weiß-Fotos machte der Fotograf Rudi Molacek. Die Lederjacketts und Jeans der Kommissar-Phase ließ er hinter sich. So entstand das Falco-Erscheinungsbild mit Frack, gegelten Haaren und leicht arrogantem Lächeln, das später zu seinem Markenzeichen werden sollte.

Und genau so groß, wie er es selber sah, so kündigte Falco das Album bei der österreichischen Presse an. Die Erwartungen stiegen ins Unendliche. „Glaubst du das alles, was du da erzählst, und merkst du überhaupt, was für einen riesigen Druck du da aufbaust?", wurde er von seinem Manager Horst Bork wieder und wieder gefragt.

Robert Ponger lieferte termingerecht seine Songs ab. Seine Arrangements waren meisterhaft und hatten das Ohr am Puls der Zeit: messerscharfe Bläsersätze, funky Gitarren, flirrende Keyboards. Alles stark orientiert am tanzbaren Sound von damals angesagten amerikanischen Bands wie Kool & the Gang.

Aber Falco leidet unter dem selbst aufgebauten Druck. Er wird mit seinen Texten nicht fertig, erscheint nicht zu den vereinbarten Studioterminen oder betrunken und auf Koks. „Hans ist leider seinen, sagen wir, weltlichen Lastern verfallen", erzählte Ponger rückblickend. „Bei ‚Einzelhaft' war das noch kein so großes Thema, später aber kostete es ihn Spontaneität und Kreativität."

Als das Album im Frühjahr 1984 endlich erscheint, gibt es zur Veröffentlichung eine rauschende Party. Das ORF strahlt die Fernsehshow „Helden von heute" aus, in der sämtliche Songs des Albums aufwändig inszeniert werden. Aber die Reaktionen der Kritiker sind zurückhaltend bis ablehnend. Und die Verkaufszahlen unterschreiten die Erwartungen bei Weitem. Während die Platte in Österreich ordentlich läuft (sie erreicht Platz 1 der Albumcharts), wird sie ansonsten weitgehend ignoriert. Falco ist tief verstört. Gemessen an seinen Ansprüchen ist das Album ein totaler Flop. Der Versuch, es durch ein Duett mit Désirée Nosbusch und einem gemeinsamen Auftritt bei „Wetten dass..?" zu retten, scheitert. Aus heutiger Sicht ist „Junge Roemer" vielleicht Falcos bestes Album mit dem einheitlichsten Klangbild. Sein ausgefuchstes ästhetisches Konzept verleiht dem Album vom Cover bis zur Musik etwas Zeitloses. Songs wie „Ihre Tochter", „Steuermann", „Hoch wie nie" oder „Brillantin' Brutal" gehören zum Besten, was er je gemacht hat. Wenn Falco später über das Album sprach, hat er oft behauptet, Ponger habe ihm zu seinen Texten keine angemessene Musik geliefert, er hätte lieber ein Buch schreiben sollen. Damit tut er Ponger Unrecht. Kein Album hätte dem enormen Druck standgehalten.

Das Album hätte es verdient, dass der Künstler trotz des Misserfolgs zu ihm steht, denn in keinem anderen Album steckt mehr Falco als in diesem.

# Verzweifelte Duette 1: Kann es Liebe sein?

**Nachdem „Junge Roemer“ sich bei Weitem nicht zu dem Erfolg entwickelt hatte, der von der Branche nach Falcos großspurigen Ankündigungen erwartet worden war, überlegten Manager Horst Bork und Label-Chef Markus Spiegel verzweifelt, wie die Verkäufe nochmals angekurbelt werden könnten. Schließlich kam man zu dem Schluss, dass ein Duett helfen könnte.**

Dafür wurde der Song „Kann es Liebe sein?“ ausgewählt. „Markus und ich zerbrachen uns den Kopf über eine eventuelle Duettpartnerin, wir casteten in unseren Köpfen die gesamte deutschsprachige Damenwelt von A bis Z, leider ohne zündende Idee“, erzählt Horst Bork. Woher der Einfall stammte, es mit Désirée Nosbusch zu probieren, weiß heute niemand mehr. Vielleicht kam sie in die Auswahl, weil sie in diesem Jahr den Grand Prix Eurovision in Luxemburg moderiert hatte. Aber als Sängerin hatte sie sich bis zu diesem Zeitpunkt noch nicht profiliert, was die ganze Aktion noch ein bisschen verzweifelter wirken ließ. Doch schließlich ging es um nicht weniger, als Falcos Karriere zu retten.

Die aus Luxemburg stammende Désirée Nosbusch war zu diesem Zeitpunkt zwar erst 19 Jahre alt, aber im Showbusiness schon ein alter Hase. Bereits mit zwölf hatte sie Musiksendungen moderiert und in Filmen mitgespielt. Besonders in Erinnerung geblieben war der Skandalfilm „Der Fan“, in dem die damals Siebzehnjährige minutenlang nackt zu sehen war.

Falco war anfangs nicht begeistert von der Idee eines Duetts, ließ sich aber überzeugen. Robert Ponger produzierte innerhalb von zwei Tagen eine etwas aufgepeppte, reichlich schlagereske Version des Songs. Désirée sang eine halbe Strophe alleine und wurde ansonsten von einem Frauenchor gestützt. Spiegel und Bork gelang es, für das Paar einen Auftritt bei „Wetten dass..?“

zu ergattern – eigentlich eine Garantie für gute Verkäufe … Falco trat bei der Promo für den Song nicht in Tuxedo und mit geschniegelten Haaren auf, sondern verwandelte sich etwas anbiedernd in einen sympathischen Schwiegersohntypen in lässiger Kleidung, fernab der großspurigen New-Wave-Attitüde, mit der er „Junge Roemer" konzipiert hatte.

Die Single wurde ein bescheidener Erfolg, kam in Deutschland und Österreich in die unteren Ränge der Charts und schob noch ein bisschen die Verkäufe für „Junge Roemer" an. Aber im Spätsommer 1984 waren sowohl Album als auch Single aus den Hitlisten verschwunden, ohne weitere Spuren zu hinterlassen.

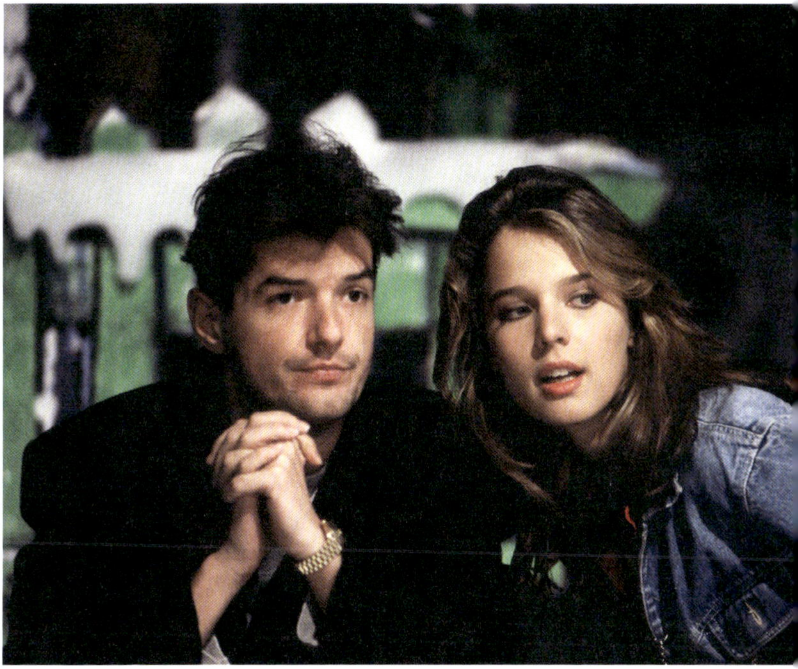

# Manager & Freund

**Ohne Zweifel ist Horst Bork neben Markus Spiegel der bedeutsamste Mensch für Falcos Karriere gewesen. Und weil er ihm in den wichtigsten Jahren seiner Karriere am nächsten gestanden hat, ist er auch der am häufigsten aufgerufene Zeitzeuge.**

1981 betreute Bork als A(rtist) & R(epetoire)-Manager bei der Plattenfirma Teldec in Hamburg verschiedene Künstler und war immer auf der Suche nach neuen Entdeckungen. Seine erste Begegnung mit Falco war das Album „Psychoterror" der Wiener Gruppe Drahdiwaberl. Darauf enthalten war auch Falcos Song „Ganz Wien".

Markus Spiegel, Chef der österreichischen Plattenfirma GiG, bei der Drahdiwaberl unter Vertrag standen, lud Bork ein, um sich die Gruppe und vor allem auch deren Bassisten Falco einmal genauer anzuschauen. Drahdiwaberl-Chef Stefan Weber und seine Truppe veranstalteten ihr übliches Chaosmassaker auf der Bühne. Dann kam Falco und präsentierte seinen Song – Borks Interesse war geweckt! Bei einer anschließenden Feier kamen die beiden in Kontakt. Nach dem großen Erfolg von „Der Kommissar" übernahm Bork de facto die Rolle von Falcos Manager: Im Jahr 1984 kündigte er seinen Job bei Teldec und widmete sich von nun an ausschließlich dem Management Falcos. In den zwölf Jahren, in denen er seinen Künstler begleitete, war er wegen dessen Eskapaden mehrere Male kurz davor hinzuschmeißen. Und 1993 war das Maß dann voll: Falcos Karriere war abgeflaut und er hatte zu viele Chancen, die Bork ihm verschafft hatte, wegen seiner Alkohol- und Drogeneskapaden verscherzt. Bork war zutiefst frustriert. Er legte seinen Job als Manager nieder, beriet Falco aber weiterhin.

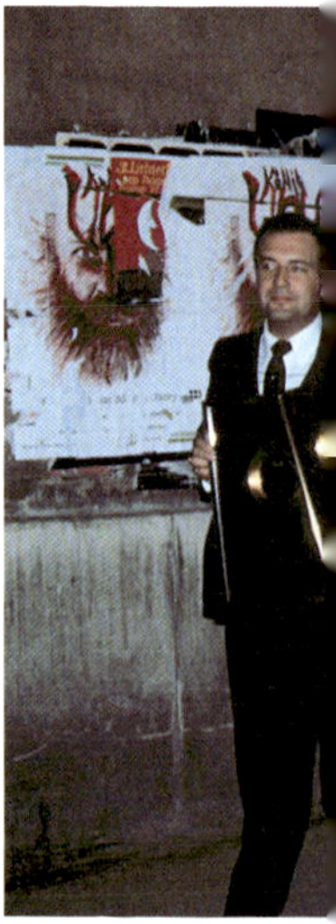

Die beiden blieben trotz Trennung der beruflichen Wege miteinander befreundet.

# Bolland aus Holland

**Nach dem Debakel mit seinem ambitionierten Album „Junge Roemer" war Falco in eine tiefe Karrierekrise geraten. Doch er war auf musikalische Partner angewiesen, um weiterzumachen.**

Mit seinem bisherigen kreativen Partner und Produzenten Robert Ponger hatte er sich zerstritten. Sein Manager Horst Bork fand schließlich die holländischen Musikerbrüder Rob und Ferdi Bolland, die sich bereit erklärten, Songs für Falco maßzuschneidern. Die Bolland-Brüder waren in Südafrika aufgewachsen, wo man schon früh auf ihr musikalisches Talent aufmerksam geworden war. Ab Mitte der Siebzigerjahre verbuchten sie in den niederländischen Charts immer wieder kleinere Hits. Am erfolgreichsten war ihre Single „In The Army Now", mit der sie auch in Deutschland einen Achtungserfolg erzielten. Gleichzeitig begannen die Bollands Songs für andere Künstler zu komponieren und zu produzieren und hatten auch damit Erfolg.

Falco unterdessen interessierte sich nicht für die „Kasroller", wie er die Brüder abfällig nannte. Er hatte eigene Pläne für sein Comeback: „Looking For Love" von der Band The Cars hatte es ihm angetan. Dafür hatte er auch schon einen eigenen Text verfasst, bei ihm hieß das Lied „Munich Girls". Erst als die Bollands sich bereit erklärten, mit ihm diesen Song aufzunehmen, war er im Gegenzug bereit, ihren für ihn geschriebenen Song „Amadeus" aufzunehmen.

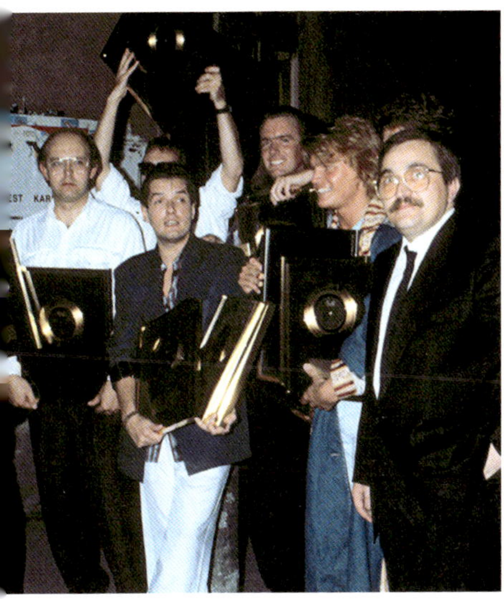

Manager Horst Bork (2. v. l.), Falco, Ferdi und Rob Bolland sowie Markus Spiegel posieren am 30.9.1985 mit Goldenen Schallplatten.

AHA!

# Der Videot

**Als Falco als Profimusiker Ende der Siebzigerjahre bei Spinning Wheel ein ordentliches Honorar bekam, war eine seiner ersten Anschaffungen ein Videorecorder. Falco war filmsüchtig!**

Er konnte den ganzen Tag damit verbringen, sich Videos reinzuziehen – darauf hatte er sein komplettes Wohnzimmer in der Wiener Schottenfeldgasse ausgerichtet. Und genau das tat er auch unterwegs in Hotels. Eine von vielen Drogen, deren Konsum er nicht im Griff hatte: Er war heavy auf Glotze.

Die beiden fleißigen Bollands, die Tag und Nacht im Studio arbeiteten und an den Songs feilten, bekamen natürlich auch mit, was Falco in seiner Freizeit trieb, was sie offenbar zu einem Song inspirierte: „Videot", ein Wortspiel aus den Begriffen „Video" und „Idiot".

Der Text des Lieds dreht sich um einen Typen, der sich den ganzen Tag Videos anschaut … Die Ableitung des Titels aus dem Wort „Idiot" war für Falco natürlich wenig schmeichelhaft. Als die beiden ihm den Song vorschlugen, war er vom Text verständlicherweise nicht begeistert, aber er mochte das Playback und verfasste einen neuen Text zum Song, der dann „America" hieß. Falco hatte immer wieder über seine Erfahrungen in den USA nachgedacht. Jetzt verarbeitete er sie in diesem Lied, das eines der großen Meisterwerke auf dem Album „Falco 3" ist.

Die Beziehung zwischen den Bolland-Brüdern und dem Videoten blieb trotz des riesigen gemeinsamen Erfolges angespannt.

# Unter Protest

**„Ich singe diesen Titel nur unter größtem Widerstand und auf Druck meines Managements!“ Das sind Falcos Worte, kurz bevor er Anfang 1985 seinen größten Hit „Rock Me Amadeus“ im Studio in Holland einsingt.**

Aus heutiger Sicht kaum zu glauben: Falco mochte den Titel nicht. Und obwohl ihm alle Beteiligten versicherten, dass das Ding ein Hit werde, sträubte er sich wie ein bockiges Kind. Er werde den „Amadeus-Schmarren“ nicht singen, er könne sich in Wien doch nicht mehr auf die Straße trauen, wenn er das tue. Miloš Formans Film „Amadeus“ war weltweit gerade ein großer Erfolg und hatte einen Mozart-Hype ausgelöst. Falco wollte nicht den Eindruck erwecken, er sei ein Trittbrettfahrer. Trotz seiner ablehnenden Haltung wurde die Aufnahme des Titels brillant. Und das, obwohl Falco laut Ferdi Bolland während der Takes auch noch völlig betrunken war.

Auch während des Videodrehs bekamen Rudi Dolezal und Hannes Rossacher Falcos Ablehnung zu spüren. Als Kulisse für den Videodreh diente das Palais Schwarzenberg: Über vierzig Komparsen – die einen im Rokokokostüm, die anderen in Rockerkluft – waren vor Ort. Falco sollte in seiner üblichen Montur mit gegeltem Haar und Helmut-Lang-Frack auftreten. Außerdem hatten sich die beiden Regisseure vorgestellt, den Künstler ähnlich wie den Film-Amadeus im historischen Kostüm mit zerzauster Perücke auftreten zu lassen. Falcos entsetzte Reaktion: „Ihr wollt's mi da zu an grotesken Amadeus-Verschnitt hinstylen? ... Glaubt's, ich stell mich als Touristenattraktion ins Schaufenster der Nation und lass mich als Mozartkugel rollen?“ Dank Trickserei und Überredungskunst kam das Video dann doch genau so zustande – und es wurde ein Meilenstein der Videokunst. Erst als der Titel im Mai 1985 zuerst in Österreich und dann in Deutschland auf die Nummer 1 schoss, konnte auch

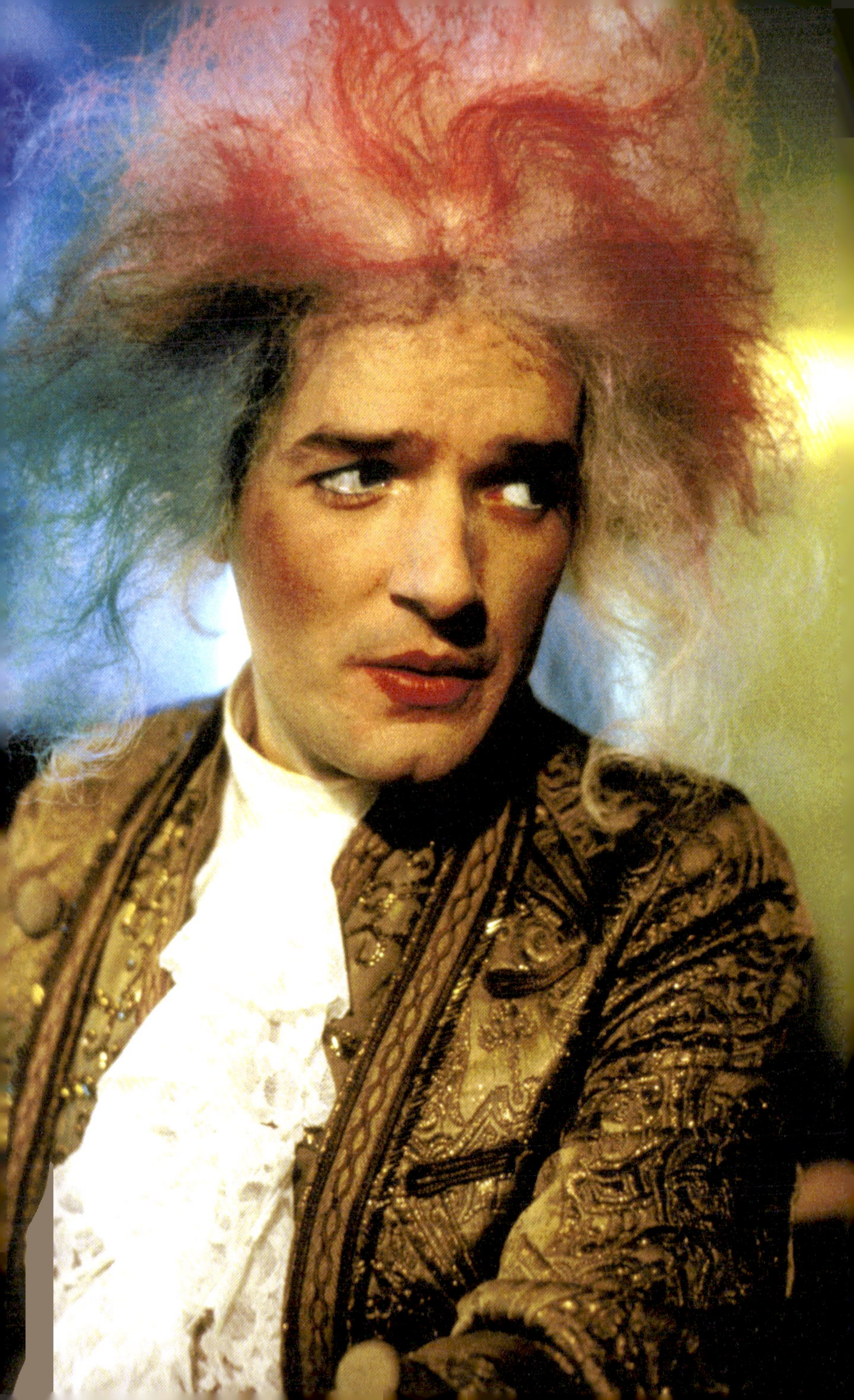

Falco sich mit dem Song langsam anfreunden. Jetzt sollte er auch in den USA veröffentlicht werden!

Falcos amerikanischem Label war der original „Amadeus“ jedoch zu „cheesy“. Es verlangte eine an den amerikanischen Markt angepasste neue Version. In einer Nachtschicht bastelten die Bolland-Brüder also den Salieri-Mix: Die beiden bauten den Song komplett um und arrangierten ihn teilweise neu mit amerikanisch klingenden Sängerinnen und einem harten E-Gitarrenriff, zusätzlichen Streichern und einem Nachrichtensprecher, der die Lebensdaten Mozarts aufsagte. Einige Textteile wurden über den Beat gesampelt. Während die versammelte Mannschaft im Studio von dem Mix begeistert war, meinte Falco nur „Ich find des für'n Arsch, wer soll des kaufen, doch eh nur die depperten Amerikaner“. Für'n Arsch war der Mix keineswegs, denn auch die gar nicht so depperten Amerikaner hievten „Amadeus“ im März 1986 drei Wochen lang auf Platz 1 der amerikanischen Charts. Sogar in Großbritannien schoss die Single an die Chartspitze.

Diese Nachricht erreichte Falco bei einem Essen mit dem Chef seiner Plattenfirma Markus Spiegel im Wiener Restaurant „Oskar und Kalb“. „Horsti“, meldete sich Falco bei seinem Manager, „ich kann es noch gar nicht fassen, jetzt geht's los, aber mir ist angst und bange.“ Falcos alter Freund und Bandchef Peter Vieweger war an diesem Abend dabei. Die Anwesenden seien in Jubel ausgebrochen, aber Falco habe nur sehr in sich gekehrt abgewunken. „Das schaffe ich nie wieder, jetzt ist es aus!“

# Falco. Eine Zeitreise

1957 Johann Hölzel wird am 19. Februar als Sohn von Alois und Maria Hölzel geboren.

1961 Johann bekommt einen Stutzflügel zum Geburtstag. Er nimmt zweimal in der Woche Unterricht.

1962 Seine Großmutter schenkt Johann seinen ersten Plattenspieler.

1963 Einschulung in die Volksschule der Piaristen

Bei einer Weihnachtsfeier spielt der kleine Hans den „Donauwalzer“ auf dem Klavier. Als Zugabe: „Wiener Blut“

1967 Einschulung in das Gymnasium in der Rainergasse. Alois Hölzel verlässt seine Familie. Hans wird ab jetzt von seiner Großmutter und einer Nachbarin betreut, weil die Mutter eine Vollzeitarbeit annehmen muss.

1971 Die Großmutter stirbt. Ein schwerer Schlag für den jungen Hans.

1973 Hans Hölzel muss seine Schulkarriere wegen zu vieler Fehltage vorzeitig beenden. Seine Mutter besorgt ihm einen Arbeitsplatz bei der „Sozialversicherung der gewerblichen Wirtschaft“.

1974 Die Stelle bei der Sozialversicherung kündigt Hans. Stattdessen tritt er seinen Dienst beim Bundesheer als Soldat an. Mit ein paar Freunden gründet er seine erste Band Umspannwerk. Er lernt Bass zu spielen.

1975 Hans Hölzel schreibt sich im Wiener Musikkonservatorium ein. Nach einem Semester bricht er das Studium wieder ab.

Hans tingelt als Bassist zwischen Wien und Berlin. 1977–1980

Am 1. Januar gibt sich Hans Hölzel den Künstlernamen Falco 1978
nach dem Vorbild des DDR-Skispringers Falko Weißpflog.

Falco wird Mitglied bei der Partyband Spinning Wheel und bei 1979
der Avantgardegruppe Drahdiwaberl. Spinning Wheel veröffentlichen den Song „Chance To Dance", der von Falco geschrieben und gesungen wurde, als Single.

Die Single „Ganz Wien" erscheint und wird vom Rundfunk 1980
boykottiert.

Markus Spiegel nimmt Falco als Solokünstler für seine 1981
Plattenfirma GiG Records unter Vertrag.

Falco und Robert Ponger schreiben zusammen „Der Kommissar" und nehmen das Stück auf. Im Herbst wird die Single veröffentlicht.

„Der Kommissar" wird in Österreich und Deutschland 1982
zum Nr. 1 Hit. Das Album „Einzelhaft" hat großen Erfolg.

Horst Bork wird Falcos Manager.

Erste Tour in Österreich und Deutschland. Falco füllt im November die Wiener Stadthalle.

Das zweite Album „Junge Roemer" erscheint. In Österreich 1984
ein Erfolg, in allen anderen Ländern ein Flop.

Das Duett „Kann es Liebe sein?" mit Désirée Nosbusch erscheint. Falco und Désirée treten bei „Wetten dass.. ?" auf.

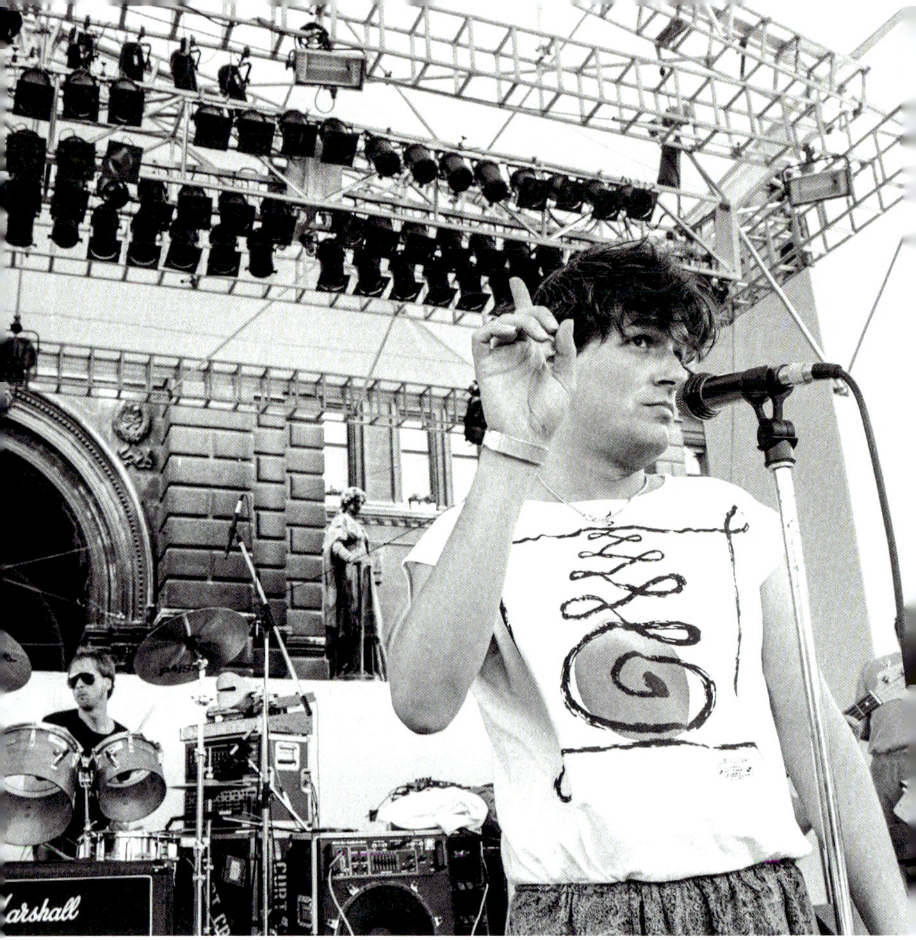

Falco beim Soundcheck vor dem Rathaus Wien

**1985** Falcos Zusammenarbeit mit den Produzenten Rob und Ferdi Bolland beginnt.

Die Single „Rock Me Amadeus" erscheint im Mai und entwickelt sich zum gigantischen Erfolg.

Falco eröffnet am 25. Mai vor 40.000 begeisterten Zuschauern auf der Bühne vor dem Wiener Rathaus die Wiener Festwochen.

Falco tritt mit Opus in Graz auf. Hier lernt er seine 1985
spätere Ehefrau Isabella Vitkovic kennen.

Im September erscheint das Album „Falco 3". Es stellt alle bisherigen Erfolge Falcos in den Schatten.

Falco füllt im November an zwei Tagen hintereinander die Wiener Stadthalle.

Die Single „Jeanny" steht im Dezember auf Platz 1 der deutschen, österreichischen und schweizerischen Charts und löst einen Skandal aus. Sie hält sich sensationelle 22 Wochen in den deutschen Charts.

Der Salieri-Mix der Single „Rock Me Amadeus" steht im März 1986
auf Platz 1 der amerikanischen und britischen Charts.

Am 13. März wird Falcos „Tochter" Katharina Bianca geboren.

Falco geht auf Tour in Deutschland, Österreich und der Schweiz. Gegen Ende des Jahres tourt er erfolgreich durch Japan.

Die Single „The Sound Of Musik" erscheint im Juli und kündigt das neue Album „Emotional" an.

Das Album „Emotional" und die Single „Coming Home (Jeanny Part 2, Ein Jahr danach) erscheinen im Dezember und erreichen beide Platz 1 der deutschen Charts.

Falco trennt sich im Streit von seinem Produzententeam 1987
Rob und Ferdi Bolland. Sie werden von Gunther Mende und Candy de Rouge abgelöst. Die Aufnahmen scheitern. Falco kehrt zu den Bollands zurück.

1987 Das Duett „Body Next To Body" mit Brigitte Nielsen erscheint als Single. Sie erreicht in Österreich Platz 6 der Charts, in Deutschland gerade mal Platz 22.

1988 Falco heiratet am 19. Juni in Las Vegas Isabella Vitkovic.

Album und Single „Wiener Blut" erscheinen im September. In Österreich erreicht die Platte immerhin Platz 2 der Albumcharts. In Deutschland knapp Platz 9.

Die Tour zu „Wiener Blut" muss mangels Nachfrage abgesagt werden.

1989 Trennung von Isabella

Produktion des Songs „Ein Tag" mit Christian Ide Hintze

1990 Falco kehrt zu Robert Ponger als kreativer Partner zurück und schreibt mit ihm Songs.

Im Mai erscheint das Album „Data de Groove" und wird zum spektakulären Flop.

1992 Falco kehrt zurück zu den Bolland-Brüdern.

Das Album „Nachtflug" erscheint und wird in Österreich ein großer Erfolg.

1993 Falco spielt am 25. Juni vor 100.000 Zuschauern auf der Wiener Donauinsel: Höhepunkt seiner Nachtflug-Tour

Skandal um die „Tochter": Katharina-Bianca ist nicht sein leibliches Kind.

Horst Bork beendet seine Tätigkeit als Manager für Falco.

12. Mai: „Falco Symphonic“ in der Wiener Neustadt vor 10.000 Zuschauern auf dem Domplatz 1994

Der Versuch mit den Tourbandkollegen ein neues Album aufzunehmen scheitert. 1995

Vorlesung an der Wiener Schule für Dichtung

Auftritt bei der „Nacht der Poesie“ der Wiener Schule für Dichtung

Die Single „Mutter, der Mann mit dem Koks ist da“ erscheint unter dem Pseudonym T>MA. 1996

Die Single „Naked“ erscheint unter dem Namen Falco feat T-MB.

Umzug in die Dominikanische Republik

Mit George Glück, Torsten Börger und Claudia Wohlfromm beginnen die Arbeiten an einem neuen Album.

Auftritt bei der Silvestergala im „Excalibur“ im tschechischen Znojmo

Das Album „Egoisten“ wird angekündigt. 1997

18. Dezember: letzter Auftritt als Sänger bei der Geburtstagsparty von Niki Lauda

Falco stirbt am 6. Februar bei einem Autounfall in der Dominikanischen Republik. 1998

Unter großer Anteilnahme der Wiener Bevölkerung wird Falco am 14. Februar auf dem Wiener Zentralfriedhof beigesetzt.

1998 Das Album „Out Of The Dark" erscheint am 27. Februar und wird zu einem großen Erfolg.

1999 Das Album „Verdammt, wir leben noch" erscheint.

2000 Das Musical „Falco Meets Amadeus" kommt auf die Bühne.

2008 „Falco Symphonic" erscheint.

Falco Biopic „Verdammt, wir leben noch"

2009 „The Spirit Never Dies" erscheint.

2016 Musical „Falco Meets Queen"

2018 „Falco – Das Musical"

2023 „Rock Me Amadeus – Das Falco Musical"

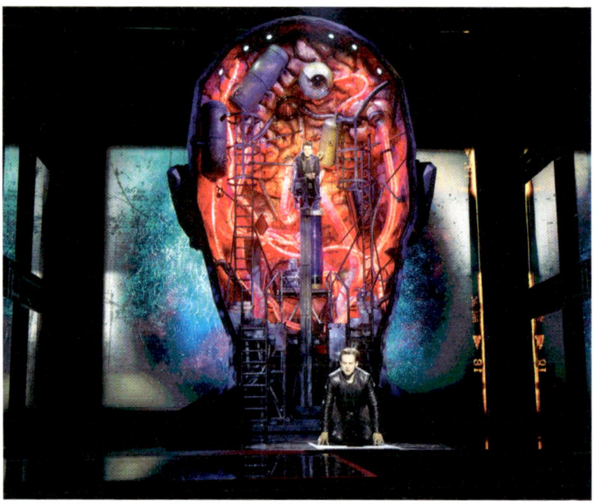

Szene aus dem Musical im Wiener Ronacher Theater, Oktober 2023

AHA!

# Geil

**Die Musiker Bruce Hammond Earlam und Douglas Wilgrove waren Mitte der Achtzigerjahre als Soldaten der britischen Armee in Deutschland stationiert. Die beiden waren fasziniert und überfordert von der vielfältigen Verwendbarkeit des Wortes „geil“: „Das Auto ist geil, die Oma ist geil – es gab so viele unterschiedliche Bedeutungen und wir wussten nur, dass es jeder sagte“, erzählte Wilgrove. Und so fabrizierten sie unter dem Namen Bruce&Bongo einen Song mit dem Titel „Geil“, der den Nerv der Zeit traf und umgehend zum Hit wurde. Und was hat das alles mit Falco zu tun?**

Im März 1986 stand „Geil“ an der Spitze der deutschen Singlecharts. Hört man sich den Song genau an, dann fällt auf, dass der Refrain „Everybody‘s geil“ zur Melodie von „Amadeus“ gesungen wird. Aber darin erschöpft sich die Ähnlichkeit noch nicht. Denn im März 1986 stand gerade Falco selber mit der Salieri-Version von „Amadeus“ an der Spitze der britischen und amerikanischen Charts.

Bruce&Bongo ließen sich von dem Nachrichtensprecher, der in der Salieri-Version die Lebensdaten Mozarts aufzählt, inspririeren und parodierten sie so: „On Friday the thirteenth of December / Bruce & Bongo discovered Germany‘s most successful word: geil!“ Danach sampeln sie, genau wie die Salieri-Version von „Amadeus“, einzelne Satzfetzen oder Wörter und versahen auch diese mit handelsüblichen technischen „Stotterern“ wie „g g g g geil“.

Der bayrische Rundfunk boykottierte den Song. Die Erwachsenenwelt hatte den Bedeutungswandel des Wortes „geil“ von ursprünglich „sexuelles Begehren“ zu einem Synonym für „cool“ noch nicht nachvollzogen. Aber ähnlich wie bei Falcos Skandalsongs sorgte auch dieser Boykott eher für mehr als für weniger Erfolg.

# No politics?

**„Erstens hab ich keine Message, keine Nachricht, ich möchte niemandem meine Meinung aufzwingen", meinte ein sehr selbstbewusster Falco in einem Interview Anfang der Achtzigerjahre. Niemand solle ihm folgen oder sich an seiner Meinung orientieren. Aber das ist das typische Falco-Understatement. Denn egal, was der Meister hier sagt, er hat sich immer wieder in seinen Songs politisch geäußert. Manchmal mit dem Holzhammer, manchmal um drei Ecken versteckt.**

Das beginnt schon auf seinem ersten Album „Einzelhaft". In dem Song „Auf der Flucht" geht es zunächst um die Anti-Schah-Demonstration im Jahr 1967, bei der der Student Benno Ohnesorg von der Polizei erschossen wurde. In der zweiten Strophe nimmt Falco ein damals topaktuelles Thema auf, die Opernhauskrawalle in Zürich im Jahr 1980. Und aus seiner Position macht er keinen Hehl: Er steht auf der Seite der Demonstranten. Auch „Nach uns die Sintflut" kann man im weitesten Sinne als politisch bezeichnen. Im Text geht es um Spekulanten, die Millionen Steuergelder veruntreut haben und sich jetzt auf der Flucht vor dem Finanzamt ein schönes Leben auf Hawaii machen. Abgesehen davon sind seine Hits „Ganz Wien" und „Der Kommissar" deutliche Äußerungen zur Drogenpolitik.

Auf seinem zweiten Album „Junge Roemer" sind die Texte etwas kryptischer. Aber der Song „Steuermann" kann mit der Textzeile „Sogar Schenkung wird zur Kränkung / Jeder Schenker tut sich schwer" als zweiter Teil von „Hinter uns die Sintflut" gesehen werden.

Als 1986 „The Sound Of Musik" erscheint, sind in Österreich Präsidentschaftswahlen. Falco verabscheut den Kandidaten Kurt Waldheim wegen seiner Nazi-Vergangenheit – und er macht kein Hehl daraus. Der Song sei allgemein eine Absage an die Wichtigtuerei diverser Mister Presidents und seine Verneigung vor der

Musik, erklärte Hölzel. Denn Musik sei „das Einzige, das wirklich über die Grenzen weg verbindet." Seine Anspielung auf die Waldheimaffäre im Text von „The Sound Of Musik" ist dagegen sehr gut versteckt. Der Song beginnt mit den Versen: „Es beginnt in einem Wald / alle Rechte sind bezahlt / und es endet doch daheim." Der Hinweis auf Waldheim, erklärte Falco, verberge sich in den Wörtern „Wald" und „daheim". Ziemlich um die Ecke gedacht, aber nicht untypisch für Falco.

Der Song „Wiener Blut" ist 1988 ein Frontalangriff auf das österreichische Politestablishment. In dem Song erwähnt Falco den legendären „Club 45", einen elitären Herrenclub für sozialdemokratische Regierungspolitiker, um dessen mafiöse Machenschaften sich zahlreiche Verschwörungsmythen ranken und der nach einem Skandal 1992 aufgelöst wurde.

AHA!

## Die Opus Choir Machine

**„Live is Life, nana na nana"! Da kann fast jeder mitgrölen. „Live Is Life" ist größte Hit der österreichischen Band Opus, der im Sommer 1985 wochenlang europaweit an der Spitze der Charts stand.**

Die Band entstammte nicht der Wiener Szene, sie wurde in den Siebzigerjahren in Judendorf in der Nähe von Graz gegründet. Dorthin zog die Gruppe 1978, als Sänger Herwig Rüdisser mit seiner charakteristischen Stimme dazu kam. Die Single „Flyin' High" bescherte ihnen bereits 1982 einen Top-Ten-Hit in Österreich. 1985 beherrschten Opus mit ihrem Chartstürmer „Live Is Life" und Falco mit „Rock Me Amadeus" gemeinsam die internationalen Charts. Falco kannte und mochte die Band schon länger: Opus sangen 1984 auf „Junge Roemer" als Opus Choir Machine die Background Vocals. Falco revanchierte sich, indem er 1985 gemeinsam mit Opus im Grazer Stadion vor 25.000 Fans auftrat und gemeinsam mit Herwig Rüdisser den Opus-Hit „Flyin' High" und „Rock Me Amadeus" sang. Beim Opus-Bandjubiläumskonzert im Grazer Orpheum wiederholte Falco 1993 seinen Gastauftritt, der dann auch auf dem Live-Album „Jubilee" veröffentlicht wurde.

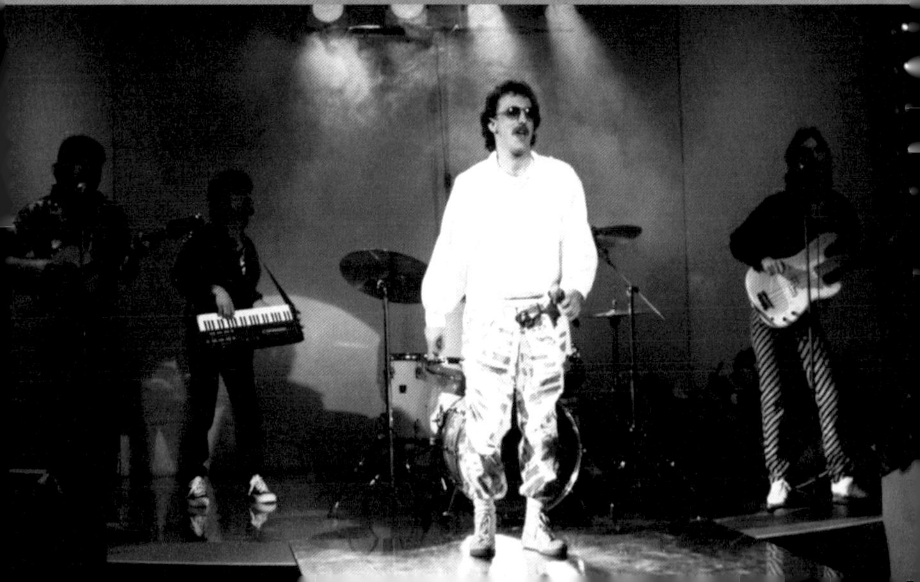

AHA!

# Austria for Africa

**1985 war auch das Jahr der großen Hungerkatastrophe in Äthiopien. Bob Geldofs All-Star-Projekt „Band Aid“ mit der Charity-Single „Do They Know It's Christmas“ lösten in der Popwelt eine breite Welle der Hilfsbereitschaft aus.**

Die Amerikaner zogen mit „USA for Africa“ und „We Are The World“ nach, in Deutschland fand die „Band für Afrika“ zusammen, um die Single „Nackt im Wind“ einzuspielen. In jedem Land waren die jeweils größten Stars am Start. Auch in Österreich machte sich die Popprominenz an ein Hilfsprojekt. Die Austropop-All-Stars-Band „Austria for Africa“ nahm den Song „Warum?“ auf. Initiiert hatte das Projekt der Videoproduzent Rudi Dolezal, Wolfang Ambros und Rainhard Fendrich hatten den Song geschrieben. Mit dabei waren Opus, DÖF, die Erste Allgemeine Verunsicherung und viele weitere Austropop-Größen. Ausgerechnet der größte Austropopper des Jahres 1985 glänzte durch Abwesenheit: Falco!

Was war passiert? An dem Projekt nahm auch der Sänger Wilfried teil, der den Song „Der Wiener“ veröffentlicht hatte, in dem er Falco veralberte („Mein Haustier ist ein Falke / Der hölzelt so vor sich hin“). Falco war wegen dieser Verballhornung seines Nachnamens ernsthaft verletzt. Er weigerte sich, mit Wilfried zusammenzuarbeiten oder mit ihm gemeinsam aufzutreten. Möglicherweise scheiterte seine Teilnahme an Austria for Africa also an diesem Umstand. Aber wie dem auch sei: Falco wurde jedenfalls heftig kritisiert für seine Abwesenheit.

Später meinte er: „Es wäre taktisch sicherlich klüger gewesen, das Ding zu machen.“ Einer hungernden Mutter in Äthiopien sei es sicherlich egal, ob er Streit mit Wilfried habe oder nicht. Er habe später in aller Stille eine beträchtliche Summe an „Austria for Africa“ gespendet.

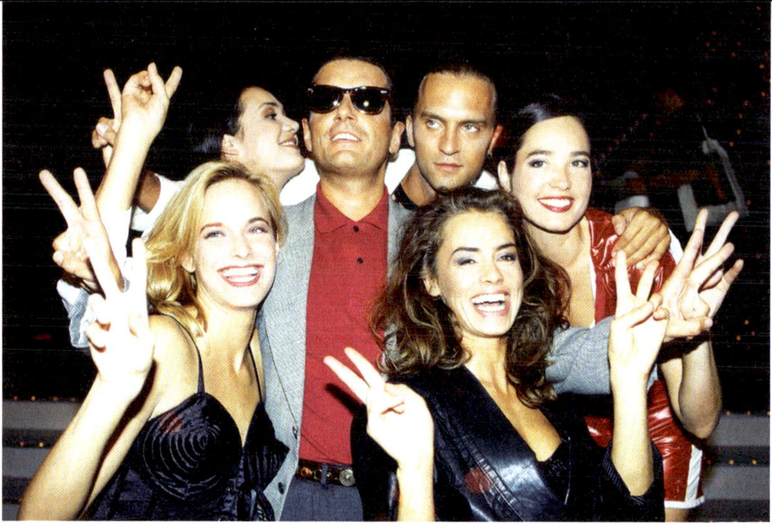

Nicht nur wie hier auf der Bühne mit seiner Band war Falco stets von Frauen umringt ...

# Der Womanizer

**Die Falco-Biografen Peter Lanz und Horst Bork zählen eine ganze Liste von Frauen auf, die mit Falco liiert waren. Viele dieser Beziehungen wurden von der österreichischen Yellowpress ausgiebig ausgeweidet. Doch vor allem Horst Bork beschreibt sehr einfühlsam, wie sehr sich Falco nach einer festen Beziehung und nach dem sicheren Hafen einer ganz normalen Familie gesehnt hat.**

Andererseits hat er sehr unter seiner Unfähigkeit gelitten, eine dauerhafte Bindung einzugehen. Dass er sich dabei seiner eigenen Rolle bewusst war, kann man nicht nur in Interviews herauslesen, sondern auch aus dem 1986 erschienen Song „Emotional", in dem es heißt: „Ich weiß, dass die Frau, die mich erträgt, noch nicht geboren ist / aber ich bitte dich, komm zur Welt!" Er schrieb die Schuld für das Scheitern der Beziehungen also nicht den Frauen zu. Insofern ist diese Liste eigentlich eine traurige Liste des Scheiterns, einen Lebensmittelpunkt zu finden. Seine Tochter Katharina Bianca erzählt, wenn sie mit ihrem Vater nach der Scheidung von ihrer Mutter telefoniert habe, sei es oft um seine neuen Freundinnen gegangen. „Er hatte dabei immer eine unglaubliche Euphorie in der Stimme. Tat so, als hätte er seine Herzensdame gefunden, aber schon eine oder zwei Wochen später war es eine andere."

- **Ende der Siebzigerjahre** – Peter Lanz berichtet, die Tochter des Brückenwirts sei Falcos erste ernsthafte Beziehung gewesen.
- **1981** – Gabi, Angestellte in einem Damenmodegeschäft
- **1983** – Anna, arbeitete im Park Hilton in München, in dem Falco in den Achtzigern häufig abstieg, war vorher angeblich mit Brian May von Queen zusammen. Sie brachte ihn verstärkt mit Kokain in Berührung.
- **1983** – Saskia, Horst Bork und Falco nannten sie „die Frau mit der regen Fantasie", weil sie Falco erfundene Geschichten über das Showgeschäft erzählte, vor allem über ihre Nähe zu David Bowie.
- **1985–1989** – Isabella ist ein eigenes Kapitel.
- **1987** – Brigitte Nielsen ist ebenfalls ein eigenes Kapitel.
- **1989** – Daniela Böhm ist Tochter des österreichischen Schauspielers Karlheinz Böhm. Sie arbeitete bei Austrian Airlines. Falco war wohl drei Monate mit ihr zusammen.
- **1990** – Sylvia Wagner war nach Falcos eigener Aussage „... die beste, die ich je gehabt habe." Die Presse nannte sie „Falcos Pretty Woman".
- **1997** – Carolin Perron war 22 Jahre alt und Model. Eventuell war sie Falcos letzte Freundin.

# Ein eigenes Kapitel

**Isabella Vitkovic ist neben seiner Mutter wohl die wichtigste Frau in Falcos Leben gewesen. Er lernte sie am 29. Juni 1985 am Tag seines Auftrittes mit Opus in Graz kennen. Zu diesem Zeitpunkt war sie noch verheiratet.**

Die beiden zogen relativ kurze Zeit nach ihrer Begegnung zusammen. Isabella wurde schwanger und Falco sah sich dem Ziel seiner Sehnsucht nach einer normalen Familie sehr nahe. Am 13. März 1986 kam die Tochter Katharina Bianca zur Welt. Auf Fotos aus dieser Zeit sieht man einen vor Stolz und Glück strahlenden Falco. Das Ende 1986 erschienene Album „Emotional" ist seiner Tochter gewidmet, ebenso wie das nachfolgende „Wiener Blut". „Er wollte eine fixe Beziehung", meinte sein Freund Billy Filanowski rückblickend, „und er wollte ein Kind als Bestätigung dieser Beziehung."

Um das Album „Emotional" zu bewerben, ging Falco auf eine ausgedehnte Tournee in Österreich, der Schweiz und Deutschland. Anschließend ging es nach Japan. Horst Bork, der ihn auf der Tour begleitet hat, berichtet davon, wie sehr Falco unter der Trennung von seiner Familie litt und wie er diesen Schmerz wiederum mit Alkohol betäubte. Zudem zeigte sich wohl sehr schnell, dass das Heute-in-Wien-morgen-in-Berlin-oder-New-York-Leben eines Popstars nur schlecht zur ruhigen Beständigkeit passte, die eine Familie gebraucht hätte. Falco versuchte Isabella und Katharina Bianca in seine Arbeit zu integrieren: Er nahm Isabella mit zu den Aufnahmen für das Album „Wiener Blut" nach Holland. Verständlicherweise langweilte sie sich dort. Auf der Coverrückseite der Platte präsentierte er sich sogar mit ihr zusammen. Bei einer Ausgabe des österreichischen Fernsehmagazins „X-Large" zeigte sich Falco anlässlich der Veröffentlichung des Albums als Familienmensch zusammen mit Frau und Tochter. Aber die Familie zu Terminen

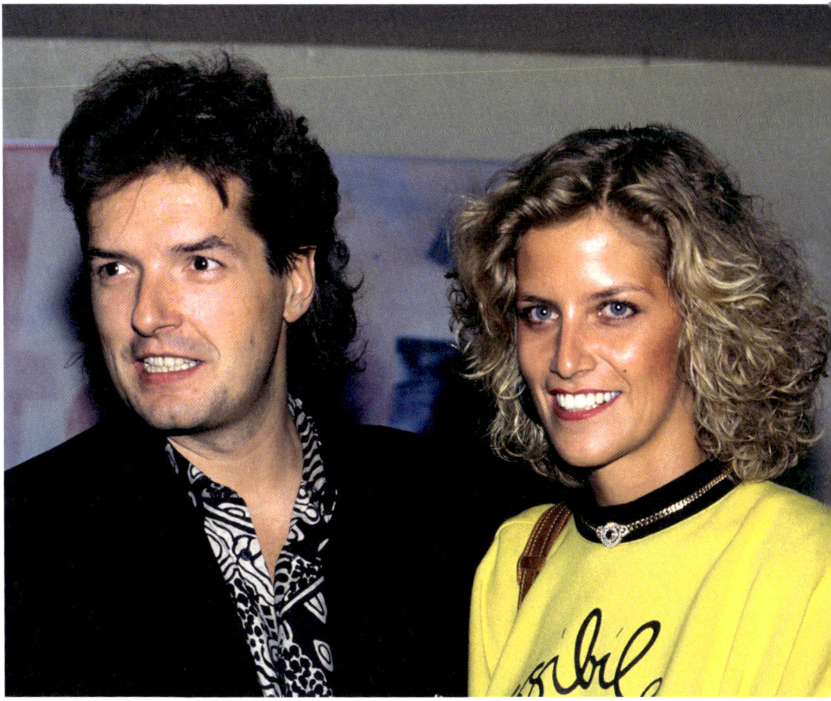

Frisch verheiratet und noch glücklich: Falco und Isabella im August 1988

mitzunehmen, bei denen es nicht um die Familie geht, funktioniert auf Dauer nicht …

Am 19. Juni 1988 heirateten er und Isabella in Las Vegas, obwohl es zu diesem Zeitpunkt bereits zu heftigen Auseinandersetzungen zwischen den beiden gekommen war. Der Ehering half dann auch nicht, 1989 trennten sich die beiden schließlich.

Seine Hochzeit sei länger gegangen als seine Ehe, wird Falco später zitiert. Er zog ein deprimiertes Fazit: „Wenn mich jemand fragt: ‚Was hat deine Freundin veranlasst, dich zu verlassen?', kann ich nur antworten: ‚Na, ich natürlich!'". Er habe sich nie die falschen Frauen ausgesucht, sondern die Frauen den falschen Mann.

# Skandal!

**1993 stellte sich nach einem Bluttest heraus, dass Falco nicht der leibliche Vater seiner Tochter Katharina Bianca war. Zweifel daran hatte es in seinem Umfeld schon lange gegeben. Falco stürzte sich mit Elan in die darauffolgende Presseschlacht. Warum er sich dieser Demütigung aussetzte, bleibt ein Rätsel.**

In ihrem im Jahr 2008 erschienen Buch „Falco war mein Vater", erinnert sich Katharina Bianca Vitkovic an Falco als sehr liebevollen Vater. „Er war stolz auf seine Prinzessin", erzählt sie. Allerdings habe er mit der Veröffentlichung des Vaterschaftstests der Familie keinen Gefallen getan. „Er hat die Familie nicht beschützt", erklärte sie in einem Interview. Aber auch nach dem Skandal sei er ihr zugewandt geblieben. „Ich bin zwar nicht dein richtiger Papa, werde es trotzdem immer bleiben", habe er ihr versichert. Sie glaube, er habe seinen unvorsichtigen Umgang mit dem Vaterschaftstest später bereut.

Auch die weniger liebevolle Tatsache, dass er sie aus seinem Testament gestrichen hat, sieht sie gelassen. „Papa hat sein Testament laufend umgeschrieben, je nachdem, mit wem er grad im Clinch war", erzählt sie. „So war er eben."

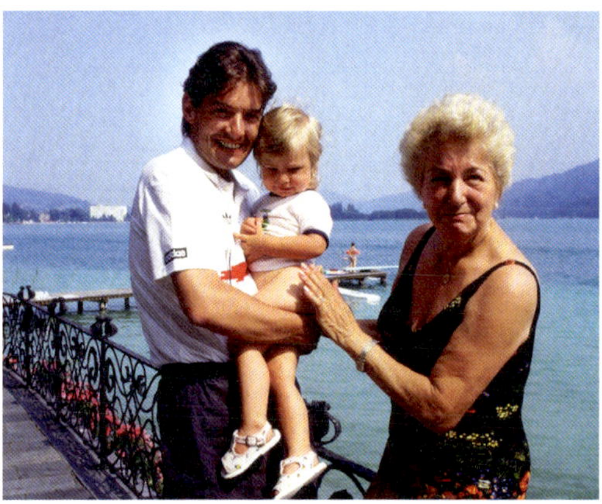

Da war die Welt noch in Ordnung: Falco mit Katharina und Oma Maria Hölzel

# Die wahren Videoten

**Die wahren Videoten im Team Falco waren die beiden Videoregisseure Rudi Rossacher und Hannes Dolezal. Sie begleiteten Falcos Karriere von Anfang an. Mit den Videos zu „Rock Me Amadeus“ und „Jeanny“ setzen die beiden Meilensteine der Musik-Video-Kunst.**

Ihre Karriere begann 1976 beim ORF. Mit der Gründung ihrer Firma DoRo stiegen sie in das Musikvideogeschäft ein. Die Idee, dass Musikvideos mehr zeigen sollten als zum Playback mimende Stars, die im Windkanal stehen und dramatisch gucken, war nicht mehr neu, als die beiden in das Geschäft einstiegen. Aber den Torpedo Twins gelang es mal mehr, mal weniger mit opulent ausgestatteten Minidramen ikonische Bilder zu schaffen. Immer wieder spielten sie mit Verweisen auf Filmklassiker, was die kleinen Filme auch zum Genuss für Cineasten machte. Allein das Video zu „Jeanny“ verweist auf den Fritz-Lang-Klassiker „M – Eine Stadt sucht einen Mörder“ und den Film Noir „Der dritte Mann“. Und für immer im Gedächtnis bleibt, wie Falco in einer gekachelten, endlos lang scheinenden Zelle in einer Zwangsjacke am Boden sitzt, während sich die Jeanny-Darstellerin lachend vor ihm räkelt. Selten ist Wahnsinn so beeindruckend dargestellt worden. Eigentlich sind die beiden keine Videoten, sie sind Videomaniacs.

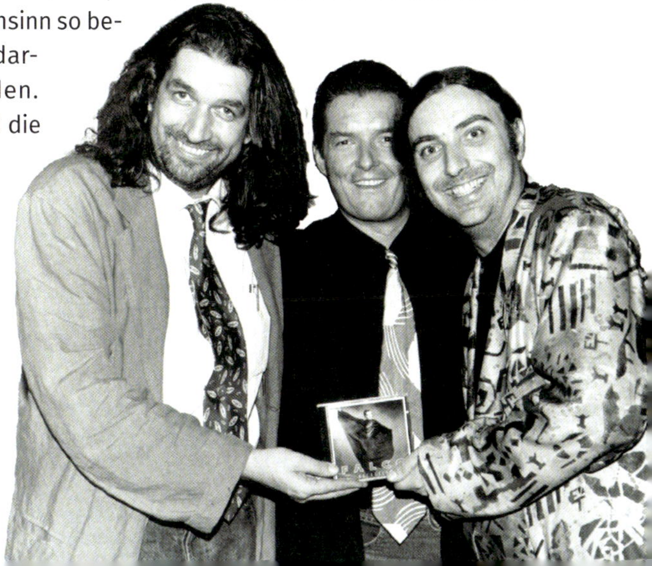

# Kopfkino

**Die Thrillerpowerballade „Jeanny“ war die dritte Singleauskopplung aus dem ohnehin schon wahnsinnig erfolgreichen Album „Falco 3“. Dass dieser Song ein so gigantischer Hit wurde, verdankt er vor allem dem Journalisten Dieter Kronzucker.**

Der Moderator des „heute journals“ hatte am 14. Januar 1986 seine Sendung unter der Schlagzeile „Sexualmord in der Hitparade“ damit begonnen, das Lied nach Strich und Faden zu verdammen. „Augenscheinlich handelt es sich um die Entführung, Vergewaltigung und Ermordung einer Neunzehnjährigen“, ereiferte sich Kronzucker. Er habe „Jeanny“ im Autoradio gehört und sich darüber aufgeregt, erzählt er dann. Aber die gigantischen Verkaufszahlen machten es seiner Ansicht nach nötig, vor dem Song zu warnen.

„Ich hätte in meinen kühnsten Träumen nicht zu hoffen gewagt, dass man uns dieses wunderbare Geschenk ‚Boykott‘ machen würde“, freute sich Falcos Manager Horst Bork noch dreißig Jahre später. Und er war entschlossen, die Skandalwelle zu reiten!

Dabei hatte alles ganz harmlos angefangen. Die Bollands hatten Falco den Song vorgeschlagen. Ursprünglich ging es um ein Mädchen, das von zu Hause fortläuft, weil ihre Eltern ihren Boyfriend nicht mögen. „So einen lauwarmen Scheiß kann ich doch nicht singen“, wehrte sich Falco. Er schrieb für die Strophen eine Art Rollenprosa. Ein offensichtlich Irrer spricht mit einem Mädchen, das er offenbar entführt hat. Die Entführung wird aber erst durch den von dem Tagesschausprecher Wilhelm Wieben eingesprochenen Newsflash explizit. „Ich will alles offenlassen, was passiert“, erklärte Falco.

Dann wurde der Song in einer intensiven Nachtsession eingespielt. Das Ergebnis war bezwingend. Falco klang wie sein Vorbild, der österreichische Schauspielgigant Oskar Werner. Das düstere Video von Hannes Rossacher und Rudi Dolezal verstärkte die Wirkung des Songs mit Anspielungen auf die Filme „M – Eine Stadt sucht einen Mörder“ und „Der dritte Mann“.

Die Skandalwelle rollte. Thomas Gottschalk bezeichnete Falco als „Wiener Würstchen“, das Schwachsinn produziere. Die Moderatorin der Videoshow „Formel Eins“ Stefanie Tücking dagegen solidarisierte sich mit ihm.

Als der Sturm losbrach, befand sich Falco mit seiner schwangeren Freundin Isabella im Urlaub, doch nach seiner Rückkehr musste er sich dem Skandal stellen. „Wie geht’s Jeanny?“, wurde Falco in einem Fernsehinterview gefragt. Seine Antwort kam prompt: „Sie lebt auf jeden Fall!“

Falco setzte auf Anregung Horst Borks das Gerücht in die Welt, „Jeanny“ sei von Anfang an als Trilogie geplant gewesen und werde auf dem nächsten Album fortgesetzt. Das Management ließ Aufkleber mit dem Spruch „Jeanny lebt!“ drucken.

Ein Antrag bei der „Bundesprüfstelle für jugendgefährdende Schriften“ auf die Indizierung des Songs wurde 1986 abgelehnt. Der Grund: „Eine Jugendgefährdung konnte nicht wahrscheinlich gemacht werden, da die Interpretationsmöglichkeiten des Stückes zu vielfältig sind.“

In dem Podcast „Sprechen wir über Mord“ analysiert der ehemalige Bundesrichter Thomas Fischer im Jahr 2022 den Text von „Jeanny“. „Es ist eine Geschichte, die von jemandem erzählt wird, der diese Frau Jeanny auf irgendeine Weise in seine Macht gebracht hat“, fasst er den Inhalt des Textes und dessen Erzählperspektive zusammen. Das „Nein“ von Jeanny werde nicht akzeptiert. Das sei eine typische Täterlogik: „Aber du warst durchschaut / Augen sagen mehr als Worte / Du brauchst mich doch, hm?“ Die berühmten Zeilen, die mit „Jetzt hör ich sie, sie kommen ...“ beginnen, kommentiert der Richter so: „... klassische Vergewaltigungsfantasien, gekrönt von der aggressiven Verkündigung dessen, dass er sich das nicht wieder wegnehmen lassen wird.“ Der Moderator hakt nach: „Wir haben ein Gewaltdelikt vor uns, oder?“ Darauf hat Thomas Fischer eine klare Antwort:

„Wir haben *ein Lied* vor uns, in dem er mit diesem Bild spielt ... Er denkt sich in die Rolle dieses Sexualstraftäters hinein und schildert die Lage aus dessen Sicht." Die Musikredakteurin Christiane Falk gibt dann einen entscheidenden Hinweis: „Er spielt!" Der Song sei „Kopfkino". Es liege zwar ein Verbrechen vor, aber eben nur ein fiktionales.

„Jeanny" entstand, als der österreichische „Knastpoet" und Mörder Jack Unterweger während seiner Haft als Schriftsteller berühmt zu werden begann. Darum wurde immer wieder gemunkelt, er sei das Vorbild für den Protagonisten in „Jeanny" gewesen. Unterweger hatte 1974 äußerst brutal eine Frau ermordet und war daraufhin zu lebenslanger Haft verurteilt worden. Im Gefängnis schrieb er den autobiografischen Roman „Fegefeuer oder die Reise ins Zuchthaus", der sogar verfilmt wurde. Zahlreiche prominente Schriftsteller, etwa die Dichter Erich Fried und Ernst Jandl, setzten sich für eine vorzeitige Entlassung Unterwegers ein. 1990 kam er ohne weitere Auflagen frei und wurde zu einer prominenten Partysensation. Ein halbes Jahr nach seiner Haftentlassung begann eine Mordserie: Neun Prostituierte wurden mit einem aus ihrer Unterwäsche geflochtenen Galgenknoten ermordet. 1992 wurde Unterweger wegen dieser Verbrechen verhaftet. Nach seiner Verurteilung 1994 erhängte er sich in seiner Zelle. Er benutzte exakt den Knoten, mit dem die Prostituierten stranguliert worden waren.

Da Unterweger seine berühmten Verbrechen erst in den Neunzigerjahren beging, scheint die Annahme, er sei Falcos Inspiration gewesen, eher abwegig. Falco selber hat sich nie dazu geäußert.

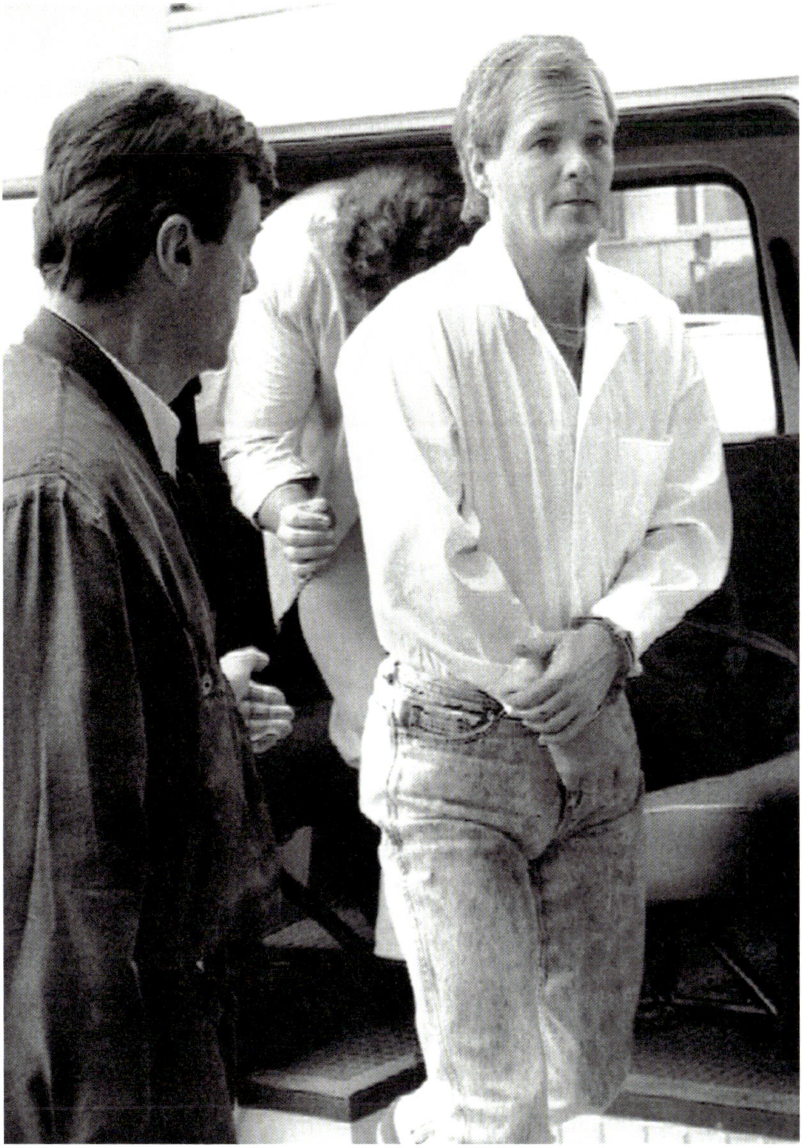

Mai 1992: Prostituiertenmörder Jack Unterweger wird nach seiner Rückkehr aus den USA abgeführt.

# Die Fortsetzung

**Im Oktober 1986 erschien „Coming Home (Jeanny Part 2, Ein Jahr danach)“. Das Marketingkonzept zahlte sich aus. Die Single schoss in Deutschland sofort auf Platz 1, das zugehörige Album „Emotional“ ebenfalls.**

Der Song lehnt sich in der Machart eng an „Jeanny“ an. „Ihr habt uns verurteilt / ihr habt mich verurteilt“, heißt es in der ersten Strophe. Das klingt eher wie eine Reflexion des Medienechos auf Teil 1. Eine konkrete Situationsbeschreibung, was denn nun mit Jeanny los ist, will Falco nicht so recht gelingen. Immerhin endet die zweite Strophe mit einer schaurigen Gänsehautankündigung: „Für immer und immer / bist du bei mir / ich bin sehr nahe / take care, because / I'm coming home …“. Ist der Sprecher aus dem Gefängnis entlassen worden und wieder hinter seinem alten Opfer her?

Das Video von Dolezal und Rossacher ist wieder großartig und genau so offen wie der Song. Einige Szenen wurden im Wiener Gasometer gedreht; Jeanny trägt eine Uniform und ist mit einer Pumpgun bewaffnet. Sie geht wie eine Wachfrau auf und ab. Soll das ein Gefängnis sein? In einer Szene sitzen sich Falco und Jeanny an einem Tisch gegenüber, er weiß gekleidet vor schwarzem Hintergrund, sie mit Trauerschleier und schwarzem Kleid vor weißem Hintergrund. Ein Besuch im Gefängnis? Dann beobachtet Falco Jeanny, die mit ihren Freunden vor einer Disco steht. Er geht auf die Gruppe zu, aber bevor er sie erreicht, ist sie durch die Türe verschwunden. Nur Jeanny dreht sich um und schaut Falco ruhig an. Am Ende des Songs erweisen DoRo Hitchcocks Film „Psycho“ ihre Referenz: Ein Totenschädel dreht sich langsam in die Kamera, der wie zuvor Jeanny einen Trauerschleier trägt.

Die Fortsetzung wurde größtenteils positiv aufgenommen und in den Medien sofort einer intensiven Exegese unterzogen.

# Unrühmliches Ende

**1987 nahm Falco den von seinen neuen Produzenten Mende und de Rouge geschriebenen Song „The Spirit Never Dies (Jeanny Final)“ auf.**

Die Aufnahme galt als verschollen, wurde dann aber bei einem Wasserrohrbruch in Gunther Mendes Studioarchiv wiederentdeckt, überarbeitet und im Jahr 2009 auf dem Album „The Spirit Never Dies“ veröffentlicht. Falco hatte mit dem Song nichts zu tun, außer dass er ihn sang. Dieser Song ist genau der „lauwarme Scheiß“, den Falco schon beim ersten Teil nicht singen wollte. Das dürfte auch der Grund sein, warum der Titel weder als Single noch auf dem Album „Wiener Blut“ veröffentlicht wurde. Die Textzeile „Auf der Suche nach dem Sinn“ fasst den Inhalt des alle Schlagerklischees durchdeklinierenden Textes hervorragend zusammen. Für die Fans, die auf eine Auflösung all der aufgeworfenen Fragen warteten, wäre dieser Song eine riesige Enttäuschung gewesen.

Der Song „Where Are You Now (Jeanny 3)” firmiert seltsamerweise auch als „Jeanny 3“. Veröffentlicht worden ist das Lied offiziell nie. Und das zu Recht. Es handelt sich um eine belanglose Bastelarbeit der Bolland-Brüder, die den Song aus Interviewfetzen und der englischen Version von „Jeanny“ zusammensetzten.

Zu Lebzeiten hat Falco 1990 auf seinem Album „Data de Groove“ noch den lakonischen Jeanny-Abgesang „Bar Minor 7/11 (Jeanny Dry)“ veröffentlicht. Im Text führt Falco ein Gespräch mit einer Frau (oder ist es wieder ein Selbstgespräch?). Das ziemlich kryptische Gerede von Falco läuft auf den Clou hinaus, dass er mit Jeanny spricht. Der Song endet mit der Textzeile: „Sag, wer hat dir eigentlich gesagt, daß du Jeanny heißt? / Das ist ganz sicher der Chef meiner Plattenfirma gewesen.“

Die angekündigte Jeanny-Trilogie bleibt also unvollendet.

# Fisch ohne Wasser

**Die USA waren Falco zutiefst suspekt. „Wenn ich auf Dauer hier leben muss, geht mein eigener Schmäh verloren, und dann bin ich wie ein Fisch ohne Wasser“, glaubte er.**

Bereits 1982 war er auf Promotour in den USA gewesen. 1986 kehrte er als aktuelle Nummer 1 der amerikanischen Charts zurück und war ein Star! Seine amerikanischen Geschäftspartner beknieten ihn, nach Los Angeles zu ziehen, um von dort aus seinen Star-Status in den USA auszubauen. Die Amerikaner lagen ihm zu Füßen. Er absolvierte einen souveränen Auftritt in der Show „American Bandstand“, Moderator Dick Clark adelte ihn für seine klugen Antworten im Interview als „Philosopher“. In den „CBS Morning News“ wurde er von Arnold Schwarzeneggers frisch angetrauter Frau Maria Shriver interviewt. Die großen amerikanischen Plattenfirmen rissen sich um den österreichischen Newcomer. Und sein Manager Horst Bork war bereits auf der Suche nach einem Haus in L.A., in das Falco mit Frau und Tochter einziehen könnte. Es lief also prächtig.

Aber Falco fühlte sich unwohl. Bei den Proben zur Fernsehshow „Solid Gold“ wurde er zunächst als „Guy from Australia“ statt „from Austria“ angekündigt. Statt den Fehler vernünftig zu korrigieren, wurde er anschließend mit „He is from the country Hitler came from“ auf der Bühne begrüßt, woraufhin Falco die Aufzeichnung abbrach. Erst nach der Drohung, sofort zu gehen, wurde er standesgemäß angekündigt. Dass solche Vorkommnisse sein Vertrauen in die USA nicht gerade stärkten, kann man verstehen. Dazu kam, dass ihm die aus seiner Sicht überdrehte Höflichkeit der Amerikaner oberflächlich vorkam: Ständig werde man gefragt, wie es einem gehe, aber eine Antwort darauf erwarte keiner. Und als er dann auch noch mitbekam, dass ein Bekannter seines Managers in seiner Wohnung ermordet worden war, nahm er endgültig Abstand davon, in die USA zu ziehen.

Auf dem Rückflug nach Österreich sprach Falco zu seinem Manager die goldenen Worte: „Das Schönste an der amerikanischen Fahne sind die rot-weiß-roten Streifen."

Falco blieb auch später bei seiner ablehnenden Haltung und beendete damit bewusst oder unbewusst seine internationale Karriere. Seine späteren Versuche, am amerikanischen Markt wieder Fuß zu fassen, waren ziemlich halbherzig. In den USA blieb er somit ein One-Hit-Wonder.

Hört man das schon 1985 auf dem Album „Falco 3" veröffentlichte Lied „America", ist man von Falcos ablehnender Haltung eigentlich nicht überrascht. In dem komplett im Dialekt gesungenen Text spielt Falco den gewitzten Schmäh der Österreicher gegen die breitbeinige Trampeligkeit der Amerikaner aus. Dem Amerikaner, der ein Wiener Schnitzel bestellt, serviert er in dem Song „zehn deka poinische in a wachauer" (also 100 Gramm Brühwurst in einem Brötchen). Der Amerikaner merkt nicht, dass er betrogen wird und antwortet: „Yeah, that's really great!" Dafür verlangt der Österreicher dann auch noch ziemlich deftige 100 Schilling (also etwa 12 Euro), aber der Amerikaner wäre sogar bereit 100 Dollar zu zahlen. „... naa, naa, Schilling, net Dollar, übertreibm woimas net", entgegnet ihm der Österreicher – und man hört förmlich sein böses Grinsen bei diesen Worten. In Wien war und blieb Falco ein Fisch im Wasser!

# Stahl in der Hose

**Falco hatte Ambitionen Filmschauspieler zu werden. Das Talent dazu besaß er. Aber außer einer lauen Komödie ist nichts zustande gekommen.**

„Hier sehen wir Falco", erklärt der Fremdenführer auf dem Touristenschiff, das am Ufer des Wörthersees entlang gleitet. „Falco hat 75 Kilogramm und ist 1,78 groß, seine Haare aneinandergereiht würden eine Länge ergeben von Hongkong bis Quickborn." In der 1986 veröffentlichten platten deutsch-österreichischen Komödie „Geld oder Leber" wird Falco mit stumpfem Humor als Diva inszeniert. Weil das laue Filmchen offenbar nicht auf seine öde Handlung vertraute, versuchte es von den Schauwerten der damaligen österreichischen Stars Falco und Erste Allgemeine Verunsicherung zu profitieren. Wenn Falco im Motorboot über den Wörthersee heizt und dabei Dinge sagt wie „Wind um die Nase und Stahl in der Hose!", weiß man als Zuschauer auch nicht so genau, was man davon halten soll. Immerhin zeugte Falcos Auftritt von einem sympathischen Maß an Selbstironie.

In Joachim Fuchsbergers Talkshow „Heute Abend" erzählte er 1986, er werde im kommenden Jahr zwei oder drei Filmprojekte in Hollywood umsetzen. Gerüchteweise tauchte dabei immer wieder der Titel „Der Goldmacher" auf, ein Biopic über den Alchimisten Franz Seraph Tausend, der in den Dreißigerjahren behauptete, er könne Gold herstellen. Falcos Manager verhandelte mit dem ungarischen Regisseur und Produzenten André Libik über das Projekt. Angeblich wollte Libik den Film aber nur realisieren, wenn Falco die Hauptrolle übernehmen könne. Der Film kam nie zustande.

Immer wieder gab es Gerüchte, dass Falco in eher rufschädigenden grotesken Edelkitschserien wie „Ein Schloss am Wörthersee" oder „Klinik unter Palmen" Rollen übernehmen sollte. Aber er spielte weder einen Arzt noch einen Hotelgast. Zum Glück!

# Verzweifelte Duette 2: Madonna

**Ein Duett von Falco mit Madonna? Hat es tatsächlich nie gegeben. Aber fast!**

In den deutschsprachigen Ländern war das Album „Emotional" 1986 ein Erfolg gewesen. Die Singles „The Sound Of Musik" und „Coming Home" hatten sich in den Top Ten platzieren können. Für Falcos amerikanische Plattenfirma Sire Records war das Album allerdings eine große Enttäuschung gewesen. Als dritte Single wurde der Titelsong „Emotional" ausgekoppelt. In Deutschland ein Flop, aber die Amerikaner hielten den Song für einen potenziellen Hit. Eine geplante englische Version des Songs kam wegen Falcos Widerstand nicht zustande, womit es keine weitere Hitsingle gab. Was nun?

Seymour Stein war der Chef von Sire Records, der Entdecker der Ur-Punker Ramones und von Madonna. Horst Bork schwebte ein ganz großer Coup vor, als er in die Staaten zum Krisengespräch mit Stein fuhr. „Warum machen wir nicht ein Duett mit Madonna?", ließ er in Steins Büro die Katze aus dem Sack und erwartete dessen Hohngelächter, schließlich hatte Madonna 1986 eine Serie von Hitsingles hingelegt, und auch 1987 rollte die Hitmaschine weiter.

Stein fand die Idee überraschenderweise gut. Das Projekt „der Schöne und das Biest" konnte in die nächste Runde gehen. Bork flog zurück nach München, wo er auf einen reichlich verkaterten Falco traf. Nachdem er ihm seinen Duett-Vorschlag unterbreitet hatte, fiel Falco aus allen Wolken. „Bist jetzt ganz deppert worn", antwortete der grantig, „was soll i denn mit der singen?"

Falco war nicht zu überzeugen. Sein Jahr 1987 würde keinen nennenswerten Hit hervorbringen.

# Verzweifelte Duette 3: Brigitte Nielsen

**Nicht lange nach dem Debakel um das Madonna-Duett kam von einer ganz anderen Seite ein neues Angebot. Und zwar von dem Synthiediscogott Giorgio Moroder.**

Dessen Erfolg in den Siebziger- und Achtzigerjahren war gigantisch gewesen, er hatte die Filmmusik für „Flashdance“ und „Top Gun“ geschrieben. Er hatte mit David Bowie, Elton John und Freddie Mercury Musik produziert. Und jetzt wollte er die Dänin Brigitte Nielsen zum Popstar machen. Der Höhepunkt ihrer Karriere bestand bis dato darin, die Ehefrau von Rocky- und Rambo-Darsteller Sylvester Stallone gewesen zu sein. Das sollte sich nun ändern.

Horst Bork trug Falco Moroders Anliegen vor. Und zu seinem Erstaunen antwortete Falco: „I mit der Alten, warum eigentlich ned?“

Moroders Song hieß „Body Next To Body“ und war eine straighte Rocknummer. Falco recycelte seinen Textteil aus ein paar neuen Zeilen, ein bisschen „Rappers Delight“ und Spuren aus seinem Song „Hoch wie nie“. Der Rest des Textes stammte von Tom Whitlock.

Das Duett wurde in Berlin aufgenommen. Giorgio Moroder reiste mit dem fertigen Playback an, Brigitte Nielsen mit vielen sehr großen Koffern, Falco mit seiner Lebensgefährtin Isabella. Das Ergebnis der Zusammenkunft war ein ordentlicher Rocksong mit typischem Falco-Rap und pseudoerotisch gestöhntem „Gesang“ von Brigitte Nielsen. Keine Vollkatastrophe, aber auch kein Meisterwerk. Falco hielt es offenbar für eine gute Marketingstrategie, sich selber eine Affäre mit Brigitte Nielsen anzudichten und gab Dinge von sich, wie: „Ich wollte mit ihr nicht in die Hitparaden, sondern ins Bett.“

Das Projekt „Falco meets Brigitte Nielsen“ schaffte es mit Mühe auf Platz 22 der deutschen Charts und Platz 6 in Österreich. Der Rest der Welt ignorierte die Begegnung der beiden.

AHA!

# Kehrtwende

**1987 war für Falco kein gutes Jahr. Er hatte sich im Streit von seinen Produzenten und Haus-Komponisten, den Bolland-Brüdern, getrennt. Sein Manager Horst Bork suchte verzweifelt nach Ersatz, den er in den Jennifer-Rush-Produzenten Gunther Mende und Candy de Rouge fand.**

Da Falco sich musikalisch weiterentwickeln wollte, wurde laut Bork vereinbart: „mehr Melodie, weniger Rap". Falco wollte also mehr singen. Die Arbeitsteilung sollte die gleiche sein wie mit den Bollands: Die Produzenten lieferten die fertigen Playbacks und Textvorschläge, Falco sollte „das Falconizing liefern." Seinen Teil der kreativen Arbeitsteilung konnte er aber nur schwer einhalten. Falco ging täglich ins Studio, oder wie Horst Bork berichtet: „Manchmal auch nicht, wenn er einen über den Durst getrunken hatte und nicht in der Lage war, das Hotel zu verlassen."

Am Ende hatte das Team tatsächlich zehn Songs eingespielt, doch bei der Plattenfirma stieß das Album auf wenig Begeisterung: „Das war zwar Falco, aber nicht so, wie man ihn sich vorgestellt hatte."

Das Album hätte den Titel „Aya" bekommen sollen, die Endsilbe des als Single geplanten Songs „Sand am Himalaya", dem brillanten Schmuckstück der Mende/de Rouge-Sessions. Vier der Songs winkte die Teldec am Ende durch. Sechs der Stücke verschwanden im Giftschrank.

Zur Playlist gehörte auch das Steely-Dan-Cover „Do It Again". Vielleicht ist der Albumtitel „Aya" auch eine Anspielung auf den Steely-Dan-Klassiker „Aja"? Bei einem Anspielungsfuchs wie Falco kann das eigentlich kein Zufall sein.

Schließlich kehrte Falco reumütig zu den Bollands zurück und produzierte mit ihnen das Album „Wiener Blut", das in den Charts völlig zu Unrecht underperformte. Von diesem Rückschlag hat sich Falco nie mehr richtig erholt.

# Höhenflug und tiefer Fall

**Falco war ein hervorragender Livemusiker und ja, er war auch ein charmanter Entertainer. Natürlich war er keine verschwitzte Rocker-Rampensau. Aber er war auch kein Halb-Playback-Leichtgewicht, wie viele meinen.**

Im April 1982 tingelte Falco noch durch Locations wie das Tanzcafé Bogner in Ecknach, das Zickzack in Mödling oder das Villacher Stadl. Aber dann, am 1. November 1982, füllte Falco mit seinem Welthit „Der Kommissar" im Rücken die Wiener Stadthalle! Anlass war die Verleihung der Popkrone. An seiner Seite hatte er seinen damaligen Hausproduzenten Robert Ponger an den Keyboards sowie alte Weggefährten von der Hallucination Company und

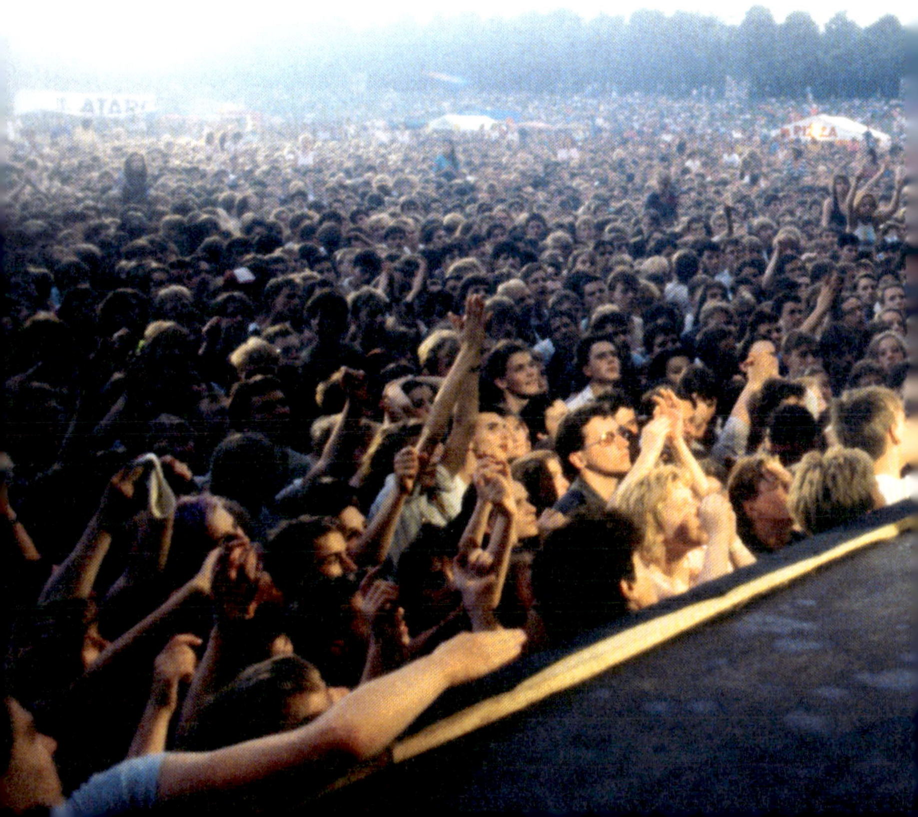

Drahdiwaberl. Falco performte, als habe er nie etwas anderes gemacht: Vor dem Song „Zu viel Hitze" zündet er sich lässig eine Zigarette an, für „Der Kommissar" wirft er sich in einen beigen Trenchcoat und Schlapphut. Der Sound der Band ist bestechend.

Aber erst 1985 mit dem Erfolg von „Amadeus" wird Falco endgültig zum Live-Act. Am 25. Mai 1985 eröffnet er vor 40.000 begeisterten Zuschauern auf der Bühne vor dem Wiener Rathaus die Festwochen, zum ersten Mal spielt er „Amadeus" live. Und auch hier gelingt es ihm, die gigantische Menge zu begeistern.

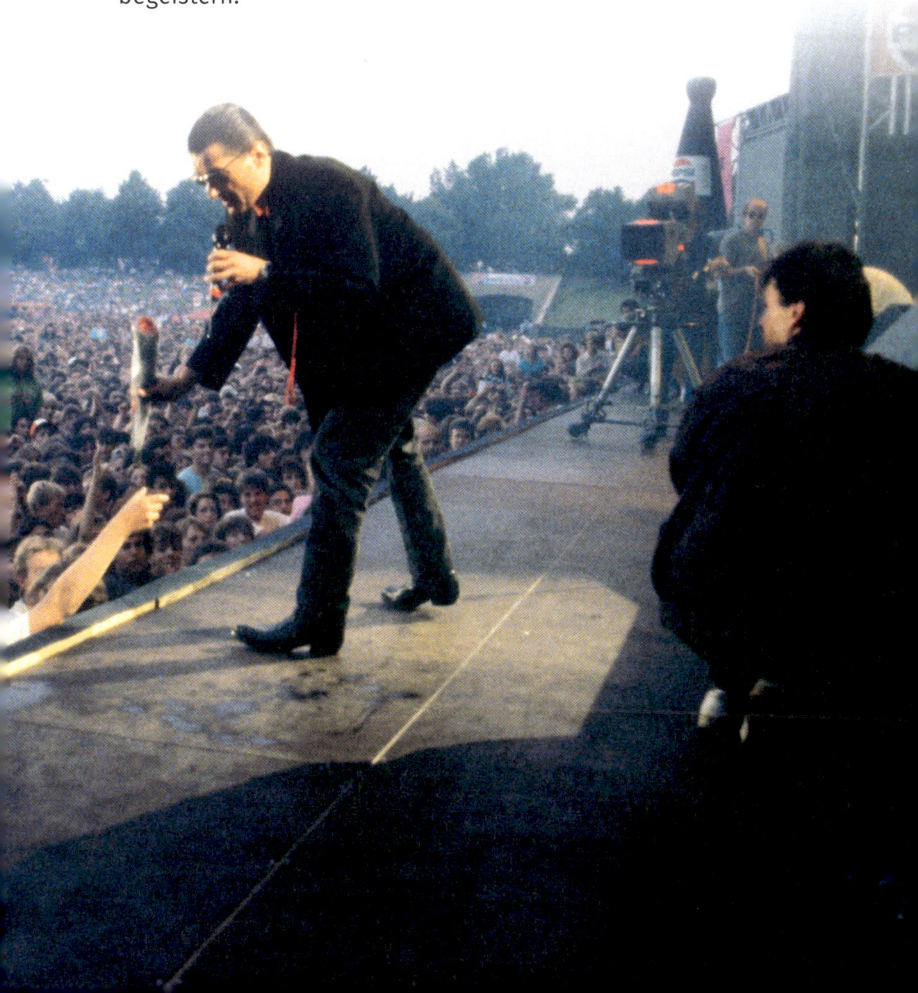

Am 31. Oktober und am 1. November füllt er zweimal hintereinander erneut die Wiener Stadthalle. Den kompletten November über verkauft er die großen Hallen aus, egal ob in Österreich, Deutschland oder der Schweiz.
Falco machte mächtig Schau. Er wurde von einem großen Ensemble begleitet: eine doppelt besetzte Band mit Bläsern und Backgroundsängerinnen, mehrmals pro Show wechselte er seine Bühnenklamotten. Von August bis November setzte er seine Tour erfolgreich fort, im November ging es für fünf Konzerte nach Japan – auch hier waren die Ränge gefüllt. Das Abschlusskonzert in Tokio wurde ein großer Triumph. Die geplante Tour in den USA kam dagegen nicht zustande.

1988 kam schließlich die große Falkendämmerung: Die Tour zum nur mäßig erfolgreichen Album „Wiener Blut" musste mangels Nachfrage abgesagt werden. Der Weltstar war wieder auf Austropop-Größe eingeschrumpft. Erst 1993 ging er mit seinem Album „Nachtflug" wieder auf Tour. Diesmal musste der Ex-Weltstar kleinere Laibchen backen. „Ich habe einen zu schnellen Sprung von den kleinen Clubs in die Riesenhallen gemacht", meinte Falco in einem Interview zur 93er-Tour. Jetzt wolle er wieder in kleine Clubs, nah ans Publikum. „Der Drang wieder auf die Bühne zu gehen, war für ihn sehr groß", erinnert sich später sein Tourgitarrist Peter Paul Skrepek. Aber ganz so einfach ist das nicht. In München kommen nur 25 zahlende Zuschauer. Falco lässt sich nicht entmutigen und spielt trotzdem. „Das war teilweise ein geilerer Gig als auf der Donauinsel vor 100.000 Leuten", erinnert sich Thomas Rabitsch. In Österreich läuft es besser. Falcos Band spielt so gut wie nie zuvor, der Meister selbst wirkt auf der Bühne eloquent und mitreißend. Er tanzt, er wählt die großen Gesten, er hängt sich den Bass um und spielt E-Gitarre. Höhepunkt der Tournee ist der legendäre Auftritt beim Donauinselfest am 25. Juni 1993, der mit mehr als 100.000 Zuschauern aber das genaue Gegenteil von „zurück in die Clubs" war.

Ab 1994 gab es keine Tournee mehr, Falco trat nur noch sporadisch auf. Höhepunkt dieses Jahres war ohne Zweifel das gigantische Konzert „Falco Symphonic“. Auf der Silvestergala im „Excalibur“ in tschechischen Znojmo trat er zum Jahreswechsel 97/98 zum vorletzten Mal vor ein Publikum. Ein völlig überdreht wirkender Falco sang in einer blau changierenden Jacke zum Halbplayback neue und alte Songs. Für „Out Of The Dark“ schnallt er sich eine ziemlich exzentrisch gestaltete Neubauer Super-V-Gitarre um, auf der er ziemlich dilettantisch so tut, als spiele er das Gitarrensolo. Im Hintergrund führten fünf Tänzerinnen eine Eurodance-Choreographie auf. Ein trauriger Abgang, wenn man bedenkt, wozu er live in der Lage war.

Am 18. Dezember 1997 gab er mit raspelkurzen Haaren und bei weitem nicht so spektakulär wie in Znojmo bei der Weihnachtsfeier von Lauda Airlines ein letztes Live-Gastspiel.

# Schall und Rauch

**Auf der Ö3-Gala im November 1997 zog Falco eine traurige Bilanz. „Was mich fertig macht, seit 20 Jahren", erzählt er bitter lächelnd, „ist, dass unser Geschäft Schall und Rauch ist." Er beneide die Maler und er beneide die Literaten, die Bücher schrieben. Beide hätten etwas in der Hand, ein Bild oder ein Buch. „Was wir machen, ist Schall und Rauch, der letzte Ton ist verklungen, die Leute gehen nach Hause und das war's dann eben."**

Schon auf seiner ersten Tour 1982 kam Falco mit diesem Problem nicht klar. Nach einem Konzert in der Münchner Alabamahalle zertrümmerte er betrunken sein komplettes Hotelzimmer, der vollkommen derangierte Falco musste zum Arzt gebracht und das für den Folgetag geplante Konzert abgesagt werden.

Für die 86er-Tour engagierte Falcos Manager den Arzt Dr. Burghardt, der den Künstler nach den regelmäßigen Besuchen von Johnny Walker und Jack Daniels wieder fit machen sollte. Zwei Stunden vor jedem Konzert wurde ihm Blut abgenommen, mit Ozon angereichert und ihm anschließend wieder gespritzt – eine nicht ganz unumstrittene Methode, mit der sich auch Sportler dopen.

Bei der Tour in Japan litt Falco unter der Trennung von Frau und Kind. Er verließ sein Zimmer selten und telefonierte oft stundenlang. Als ihm in Osaka ein Crewmitglied seinen anvisierten One-Night-Stand ausspannte, eskalierte die Situation. Der durch Alkohol bereits mächtig angeschlagene Falco begann vor dem Zimmer zu randalieren, in das die beiden sich zurückgezogen hatten. Da das Pärchen sich nicht rührte, zündete er wutentbrannt ein Stück Papier an und schob es unter der Zimmertüre durch, woraufhin die Sprinkleranlage des gesamten Stockwerks ansprang, sodass schließlich alle Beteiligten wie begossene Pudel vor dem Hoteldirektor und der angerückten Feuerwehr standen.

Eine herzzerreißend traurige Geschichte ist, wie Falco aus Japan zurückkehrte: Nach und nach wurden alle Crewmitglieder von ihren Familien, Freunden oder Freundinnen in Empfang genommen. Nur Falco nicht. Niemand kam. Einsam und verlassen stand er da: Seine Lebensgefährtin war mit der gemeinsamen Tochter verreist.

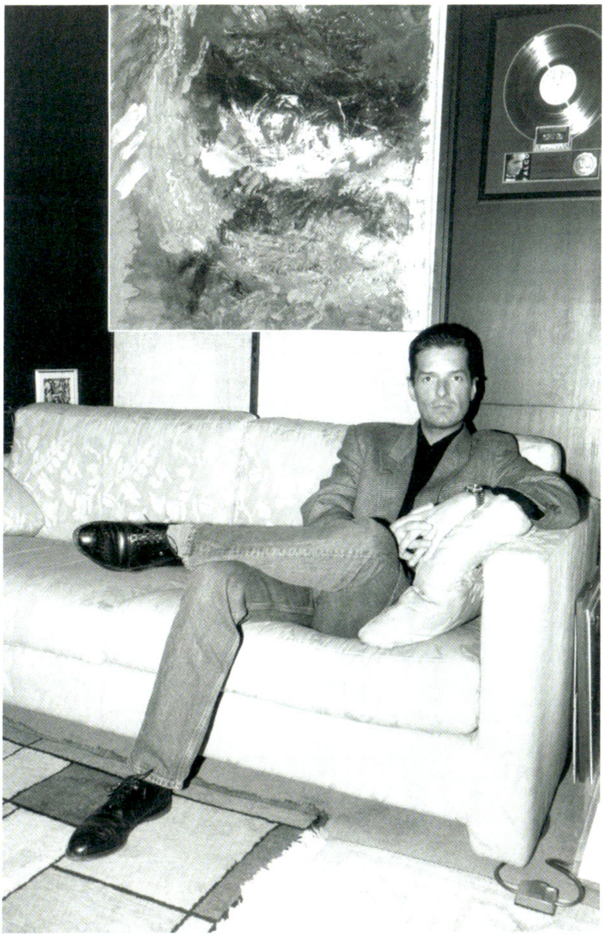

So ernst und nachdenklich kennen ihn die wenigsten: Falco 1993

# Falco Symphonic

**Die Idee, dass Falco mit einem Symphonieorchester auftreten könne, kam vom damaligen Bürgermeister der Wiener Neustadt, Peter Wittmann. Die Neustadt feierte das 800. Jubiläum ihrer Erhebung zur Stadt und mit „Symphonic" sollten die Feierlichkeiten eröffnet werden. Falco und seine Band probten eine Woche lang zusammen mit dem Orchester.**

„Das war eine idyllische Woche", erinnert sich Thomas Rabitsch. Die Chemie zwischen dem Dirigenten Raoul Herget, Direktor des Neustädter Musikkonservatoriums, und Falco stimmte.

Thomas Rabitsch und Peter Paul Skrepek hatten Falcos Songs extra ein Orchesterarrangement verpasst. Falco nahm das Konzept sehr ernst. Er passte für das Konzert sogar seine Bühnenperformance an und gab sich wie ein Opernsänger. Ungewöhnlich ernst schritt er würdevoll die Bühne ab oder legte seine Hand auf die Brust. Beim Singen verlieh er seiner Stimme eine opernhafte Fülle, ohne seinen eigenen Stil dabei zu verraten. „Ich glaube, es ist eine gute Geschichte, E- und U-Musik zu verbinden, meine Musik eignet sich halt gut dazu, denn es sind viele klassische Zitate drin", meinte Falco. Die bekanntesten Beispiele dafür sind natürlich die beiden Johann-Strauss-Stücke „An der schönen blauen Donau" im Intro von „Vienna Calling" und „Wiener Blut" am Anfang des gleichnamigen Falco-Songs.

Am 12. Mai 1994 war es dann so weit, Falco und Band traten mit dem 72-köpfigen Symphonieorchester der Josef-Matthias-Hauer-Musikschule vor zehntausend begeisterten Zuschauern auf dem Domplatz der Wiener Neustadt auf. Tragisch ist, dass es von diesem Konzert nur einen Mitschnitt auf einer DAT-Kassette und einen Fernsehmitschnitt mit drei Kameraperspektiven gibt, beides von sehr bescheidener Qualität.

# Tour de Falco

**Wien ist voller Orte, die an Falco erinnern. Hier kommen ein paar Anregungen für eine „Tour de Falco“ durch Wien.**

## WOHNORTE

- Aufgewachsen ist Falco in Wien, im **Bezirk Margareten**. Er lebte mit seinen Eltern in der **Ziegelofengasse 26**. Das Haus wurde inzwischen abgerissen. Nach dem Tod seiner Großmutter zog er in die **Ziegelofengasse 37**. Dort führte er von 1974 bis 1982 ein lässiges Boheme-Leben. An der Hauswand ist eine Gedenktafel angebracht.
- Als immer mehr Fans herausfanden, wo Falco lebte, zog er schließlich in die **Schottenfeldgasse 7** im **Bezirk Neubau** in der Nähe der Einkaufs- und Cafémeile in der Mariahilfer Straße.
- 1987 kaufte sich Falco die Villa Adam in der **Hornerstraße 214** in **Gars am Kamp** im Waldviertel.
- 1996 zog Falco schließlich in die **Dominikanische Republik**.

## VIDEODREHORTE

- Im Video zu „Jeanny“ ist das **Wiener Kanalsystem** zu sehen, das man auf der offiziellen „Dritte-Mann-Tour“ besichtigen kann; ebenfalls im Video zu „Jeanny“ ist die **Fußgänger-Unterführung Opernpassage** unter dem Karlsplatz zu sehen.
- Ein Schauplatz im Video zu „Coming Home“ ist der **Wiener Gasometer-Turm im 3. Bezirk**.
- Das berühmte Video zu „Rock Me Amadeus“ wurde am **Palais Schwarzenberg** gedreht.

## GEDENKORTE

- Im Jahr 2003 ehrte Wien seinen berühmten Sohn mit der **„Falcostiege“**.
- Falcos Grab befindet sich auf dem **Wiener Zentralfriedhof**. Die Friedhofsverwaltung beschreibt den Weg zum Grab so: „Der kürzeste Weg zum Grab ist vom Tor 3. Von hier kommst du entlang des Hauptwegs zur Gräbergruppe 40. Dort hat er das Grab mit der Nummer 64.“

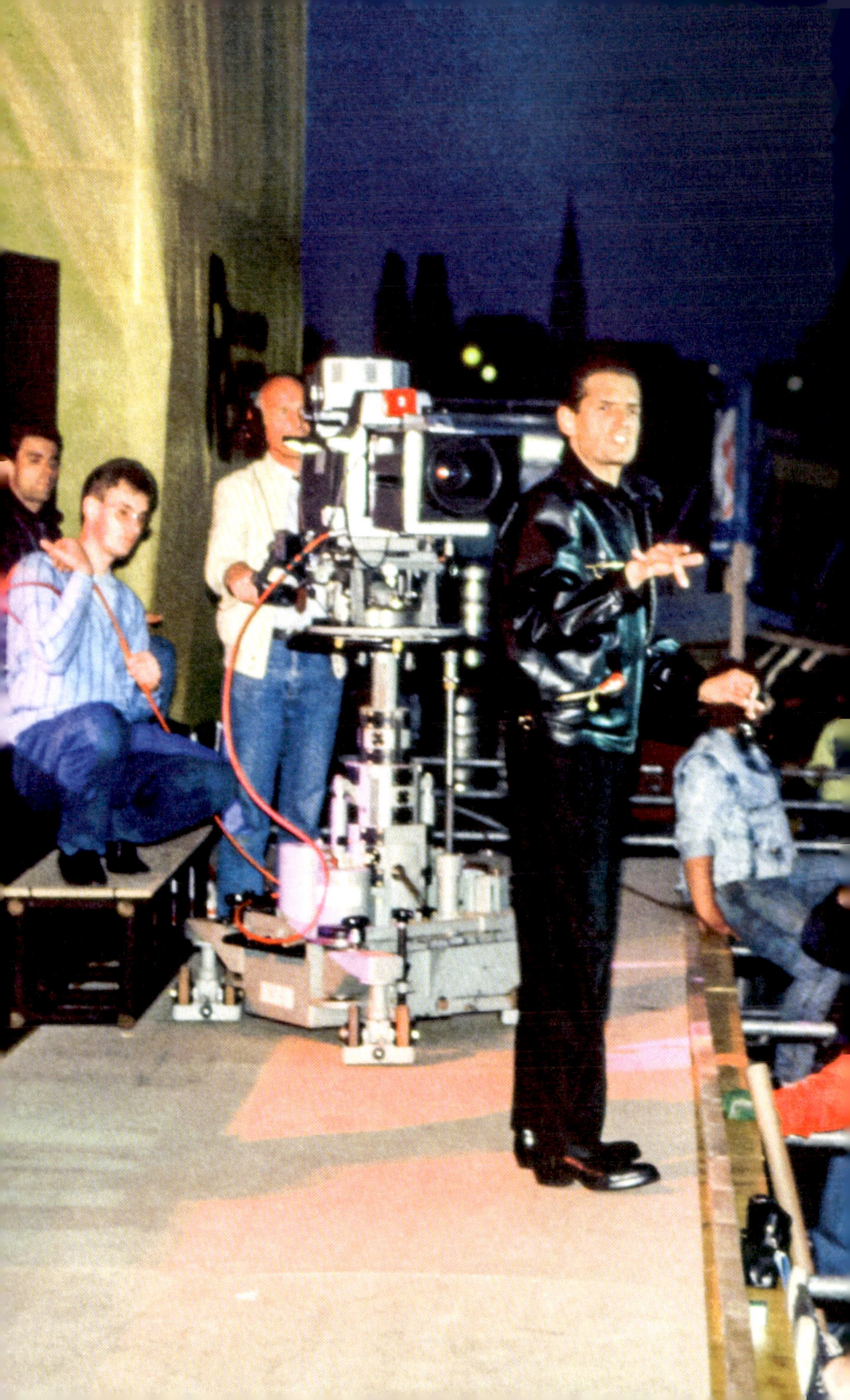

# Eingeschlagen wie ein Blitz

**Wo ist Falco? Das war zunächst die große Frage am 25. Juni 1993 auf der Donauinsel.**

„Vor dem Konzert ist es immer problematisch gewesen“, erzählt Falcos Tourchauffeur, „er hat immer versucht, ob er sich vielleicht drücken kann.“ Und bei diesem Konzert war es wohl ganz besonders problematisch. Hunderttausend Menschen warteten auf ihn. Würde Falco kommen? Er kam zu spät, aber: Er kam. Und er war voll da. Falco und seine Band waren in Topform. Das Publikum tobte.

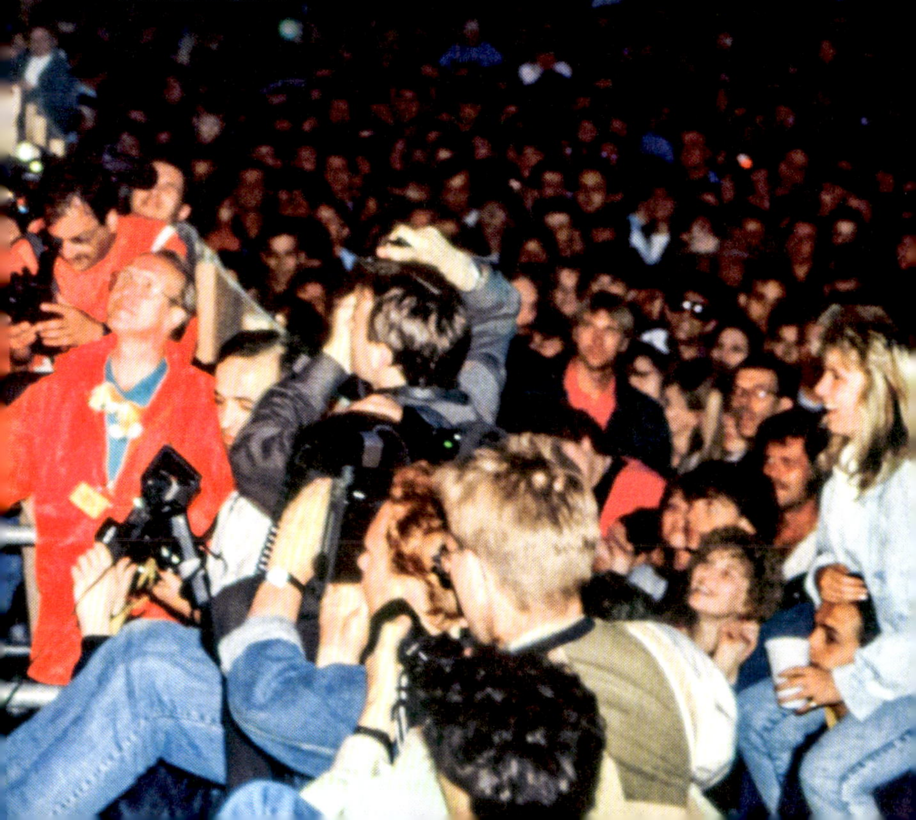

Aber nicht nur das Publikum. Auch das Wetter tobte! Zuerst begann es sintflutartig zu regnen, dann kam ein Gewitter. Die Zuschauer packten Schirme aus und wurden trotzdem bis auf die Haut durchnässt. „Dem Falco hat das alles nichts gemacht, er ist vorne im Regen gestanden und hat ein Lied nach dem anderen gesungen", erinnert sich Bandmitglied Bernhard Rabitsch.

Später erklärte Falco: „Für mich das wichtigste Konzert des Jahres". Im Nachhinein betrachtet war es wahrscheinlich das wichtigste Konzert seines Lebens.

Mitten im Song „Nachtflug" schlägt ein Blitz ein, die Anlage fällt aus, die Musik verstummt. „Freunde, was sollen wir machen, die Anlage geht nimmer, es ist das Wasser drinnen", ruft er seinem euphorisiert johlenden Publikum zu. „Wir probieren noch eine Nummer, wenn's geht, dann geht's!" Er schlendert auf den hinteren Teil der Bühne, schnallt die Gitarre um und steigt ein in „Helden von heute". Und es funktioniert!

„Ist das noch mein Wien?", hatte er am Anfang ins Publikum gefragt. Das hatte mit tosendem Applaus geantwortet. Es war sein Wien. Ein letztes Mal.

# Deconstructing/ Reconstructing Symphonic

**Als die alte Band sich an Falcos fünfzigstem Geburtstag im U4 traf, wurde die Idee für die Doku und das Live-Album „Falco Symphonic" geboren. Die Ernüchterung war jedoch groß, als man den Fernsehmitschnitt und die Tonaufnahme des Konzerts abhörte. Es war klar, dass mit diesem Material nichts anzufangen war.**

Aber Thomas Rabitsch und Peter Paul Skrepek gaben sich nicht geschlagen, sondern entwickelten einen verwegenen Plan: Sie würden das Konzert einfach im Studio rekonstruieren. Diese Rekonstruktion begann aber zunächst mit einer sehr akribischen Dekonstruktion: Sämtliche Instrumentalparts, inklusive Falcos Stimme, wurden in ihre Einzelteile zerlegt und dann neu aufgenommen. Ein Studiosymphonieorchester spielte die Partituren zu den Songs neu ein. Die Toningenieurin Dorothee Badent isolierte Falcos Stimme digital aus den Originalaufnahmen heraus und reinigte sie von sämtlichen Nebengeräuschen. „Ich habe für eine Nummer oft drei bis vier Tage gebraucht", berichtet sie später.

Doch dann fehlte immer noch die Live-Atmosphäre. Darum lud Rabitsch den Falco-Fanclub ins Studio ein, der den Zuschauerjubel nachstellte.

So unwahrscheinlich das klingt – das Ergebnis ist verblüffend. Der Sound der Konzertdoku ist bestechend, der Film ist mit seinen Splitscreens dynamisch und mitreißend geschnitten.

Das Projekt wurde jedoch sehr kritisch gesehen. Bei der Veröffentlichung der DVD und der CD wurde kritisiert, es handle sich um keine authentische Live-Aufnahme. Aber dieser Vorwurf ist ein Missverständnis, denn das hatten die Macher ja nie behauptet …

# Falcos Seele

**Die Texte sind die Seele der Kunstfigur Falco, die von Hans Hölzel nicht nur gelebt und gesprochen worden sei, wie der Literaturwissenschaftler Klaus Kastberger in seiner Analyse zu Falcos Poetik meint, „sondern eben auch geschrieben". Welche Rolle Sprache in seinen Songtexten spielt und wie sie sich im Laufe der Zeit verändert hat, wurde von zahlreichen Wissenschaftlern auf unterschiedlichste Aspekte hin untersucht.**

Auf seinem ersten, 1982 erschienen Album „Einzelhaft" erzählt Falco in seinen Texten Geschichten in Lyrikform. In der Regel ist er der allwissende Erzähler der Geschichte („Ganz Wien", „Der Kommissar", „Siebzehn Jahr"), manchmal ist er der Ich-Erzähler („Maschine brennt", „Helden von heute"), manchmal sind es Geschichten, die aus dem Blickwinkel einer bestimmten Rolle erzählt werden („Hinter uns die Sintflut"). Außer in „Der Kommissar" benutzt Falco zu Beginn seiner Karriere fast keine englischen Phrasen. Er singt hochdeutsch, aber mit deutlicher Wiener Sprachmelodie. Immer wieder streut er ein paar starke Dialektzeilen ein („Sorgn, nana, ha mr morgen!").

1984 – mit dem Album „Junge Roemer" – werden Falcos Auftreten und damit auch sein Textstil avantgardistischer. Jetzt beschreibt er Stimmungen und Gefühle mit griffigen und komplexen metaphorischen Figuren: „Der Lorbeerkranz, ein neuer Tanz / schwingt Rhythmus in die Hüften der Stadt". Der Tanz und die Stadt werden zu Lebewesen – die Stadt hat „Hüften", der Tanz „schwingt". Der Lorbeerkranz grundiert das Geschehen als römisch. Diese Art des Textens perfektioniert Falco im Laufe der Zeit immer mehr. Als weiteres Text-Genre baut Falco eine Art hörspielartig gesprochenes Rollendrama in seine Songs ein, eine Form des Textes, die er mit „Jeanny" zur höchsten Vollendung bringen wird. Falco beginnt jetzt viele Textteile fremdsprachig zu singen.

Die Literaturwissenschaftlerin Ulrike Kramer verweist auf das Code-Switching in Falcos Texten. Damit meint sie das völlig natürlich wirkende Hin- und Hergleiten zwischen verschiedenen Sprachen. In „Titanic" reimt Falco „fesch" auf „Cash", der Songtitel „The Sound of Musik" switcht sogar mitten im Satz, ebenso wie die Amadeus-Zeile „Es war in Wien, war in Vienna". Zudem, meint Kramer, benutzt Falco oft Phrasen oder einzelne Wörter, die durch die Assoziationen, die sie auslösen, mit dem Hörer in Verbindung treten. Wörter wie „Der Kommissar", „Schnee" oder „Amadeus" sind umgeben von einem Meer aus Bedeutungen und Bildern. Ebenso der Titel „The Sound Of Musik", der sich an den Titel des Films und Musicals „The Sound Of Music" anlehnt. Egal, welche Sprache Falcos Hörer sprechen, sie finden ein Zuhause in seinem Texten. Und genau das macht ihren internationalen Appeal aus.

Auch wenn das Album „Data de Groove" 1990 ein totaler Flop war, hier erreicht Falco den avantgardistischen Höhepunkt seines poetischen Schaffens. In dem Song „Neo Nothing – Post Of All" zitiert er den griechischen Philosophen Heraklit. Der Rest der Lyrics dieses Songs ist eine Bricolage postmoderner Orientierungslosigkeit. In „Charisma Kommando" bezieht er sich auf den einflussreichen österreichischen Schriftsteller, Dichter und Publizisten Karl Kraus und sein Gedicht „Abschied und Wiederkehr". Inspiriert durch Ernst Jandl oder H. C. Artmann versucht er sich in dem Song „Data de Groove" mit Erfolg an konkreter Poesie, in der es nur noch um den Klang der Worte geht („The mega the score / Desto mono de chrome / Atmo de force / Is the Atmo at home").

Mit den Alben „Nachtflug" und „Out Of The Dark" tritt Falco von solchen Experimenten wieder einen Schritt zurück, wahrscheinlich verschreckt durch den Misserfolg dieses Stils. Allerdings wirken seine Texte in dieser Phase reifer und geschliffener, man denke nur an den meisterhaften Song „Egoist".

Falco bearbeitete immer wiederkehrende Themenkomplexe in seinen Songs. Einer davon war der „Kalte Krieg". Die Nuklearmächte USA und Sowjetunion standen sich unversöhnlich gegenüber, ein Atomkrieg schien jederzeit möglich. Filme wie „The Day After“ oder „Wargames“ hielten das im Bewusstsein der Menschen. Die Bombe war allgegenwärtig. Wenn man nach seinen Texten geht, dann hatte Falco damals offenbar wenig Hoffnung für die Menschheit. In „Helden von heute“ singt er „Sorgen? Haben wir morgen!“ und bringt damit eine im Kalten Krieg sehr verbreitete dekadente Lebenseinstellung auf den Punkt: Koste den Augenblick voll aus, denn morgen bist du vielleicht schon in einer Atomwolke verdampft. „Dekadenz“ ist der Begriff, der diesen Lebensstil treffend beschreibt und gleichzeitig ein Wort, das Falco gerne benutzte. Eigentlich ein geschichtsphilosophischer Begriff, beschreibt Dekadenz Gesellschaften, die blind und verschwenderisch ihren Wohlstand feiern, obwohl sie geradewegs auf ihren Untergang zusteuern. Die „unsinkbare“ Titanic in Falcos gleichnamigem Song ist dafür eine hervorragende Metapher. Im Text dieses Songs prägt Falco den komplexen Begriff „Decadance“. Ein Wortspiel für den Tanz am Abgrund, das sich aus dem englischen Wörtern „Decadence“ und „Dance“ zusammensetzt.

Ein weiterer großer Einfluss auf Falcos Texte waren Schlager aus den Dreißiger- und Vierzigerjahren. Beispielsweise bezog er sich immer wieder auf den Filmschauspieler und Sänger Hans Albers. Im Video zu „Coming Home“ ist Falco gekleidet wie Albers in dem Film „Wasser für Canitoga“. Der Song „Die Königin von Eschnapur“ bezieht sich sogar direkt auf den frivolen Hans-Albers-Schlager „O Signorina-rina-rina“. Aus Hans Albers Textzeilen „Die Königin von Eschnapur / Die konnte was vertragen / Die trug bei jeder Temp‘ratur / Nix weiter als ’ne Armbanduhr“ machte er „Du bist die Königin von Eschnapur / Und du trägst zumeist nur die Armbanduhr“.

Auch „Mutter, der Mann mit dem Koks ist da“ bezieht sich direkt auf einen uralten Berliner Gassenhauer im Walzertakt, dessen Geschichte man bis in die 1880er zurückverfolgen kann. Das Lied war bis in die Zwanzigerjahre äußerst populär. Be-

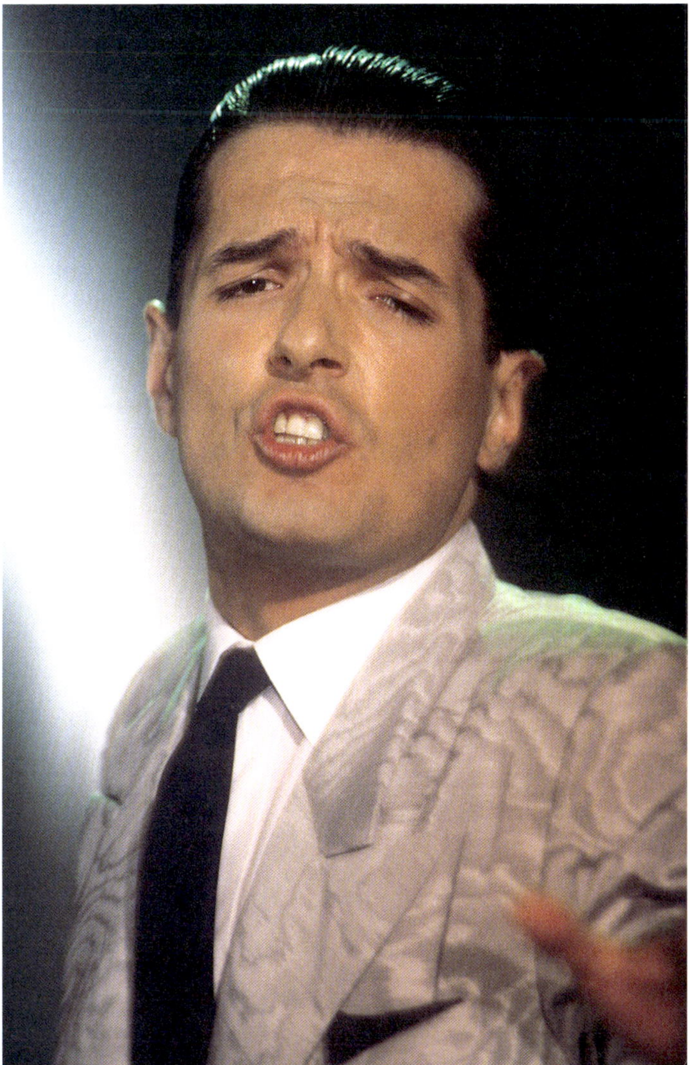

kannt ist etwa eine Aufnahme der Kabarettistin Ilse Trautschold mit der Kapelle Otto Kermbach. Aber während es bei Falco um Drogen geht, geht es im Original tatsächlich um Kohle.

# Der Ottakringer

**„Ich wollte eigentlich immer Musik machen“, erzählt Falcos Begleiter und Freund Thomas Rabitsch. Er ist im Wiener Stadtteil Ottakring geboren, zur Schule gegangen, hat immer dort gelebt und lebt auch heute noch dort. Ansonsten war er immer da, wo auch Falco war.**

Er hat mit Falco in der Hallucination Company und bei Drahdiwaberl gespielt, ihn auf seinen Tourneen begleitet, Mitte der Neunzigerjahre Songs mit ihm geschrieben und mit „Krise“ wahrscheinlich auch 1997 den allerletzten Song produziert, den Falco aufgenommen hat. Und natürlich war er derjenige, der „Falco Symphonic“ zusammengepuzzelt hat.

Begonnen hatte er seine Musikerkarriere 1976 bei der Band „Antipasta“, der Vorläuferband der Ersten Allgemeinen Verunsicherung. Dann wechselte er wie Falco zur Hallucination Company und Drahdiwaberl. In den Achtzigerjahren mischte Rabitsch gefühlt in praktisch jedem Projekt und jeder Band mit.

Nach Falcos Tod widmet er sich intensiv dessen Erbe. Er produziert Teile des Albums „Verdammt, wir leben noch!“ und ist verantwortlich für die Musik des gleichnamigen Falco-Biopics. Seit 2015 veranstaltet er mit der original Falco-Tourband Die Goldfisch Falco-Tribut-Nächte im U4. 2017 organisiert er das Tributkonzert „Falco: Coming Home“ auf dem Donauinselfest, bei dem verschiedenste Künstler Songs von Falco in virtuellen Duetten mit ihm singen.

Als die legitimen Erben Falcos sieht er die österreichische Band Bilderbuch. „Mit Falco haben wir uns nie – und Bilderbuch geht es sicherlich ähnlich – als Austropop empfunden, sondern als internationale Popmusik“.

# Partner in Poesie

**1990 wurde Falco in einem Interview gefragt, wie er seine Texte schreibe. „Sehr journalistisch“ antwortete er. Was bedeutet das?**

Er erklärt es so: „Ich recherchiere Suggestionen, die schreib i ab oder geb‘s in die EDV, katalogisiert unter gewissen Begriffszuordnungen. Gibt‘s olles im Textverarbeitungsprogramm, ist kein Problem. Ich recherchiere ... ich objektiviere ... i schmeiß weg ... recherchiere wieder. Und zum Schluss schreib i’s ob.“

Nachvollziehbar wird dieses Verfahren in den Abbildungen aus Falcos Notizbüchern in dem von Maria Hölzel veröffentlichten Bildband „Privacy Falco“. Falco sammelte einzelne Sätze oder Slogans, probierte sie in verschiedenen Varianten aus, brachte sie mit anderen Fragmenten zusammen und feilte so lange daran, bis das Ergebnis seinen Ansprüchen gerecht wurde. Das konnte sich oft monatelang hinziehen. Zeitgenossen berichten aber auch davon, dass Falco sich immer wieder kurz zurückgezogen hat, um zu schreiben und wenig später mit einem brillanten Ergebnis zurückkam.

Ab „Falco 3“ textet Falco nicht mehr alleine, sondern bearbeitet die Textvorschläge der Bolland-Brüder. Dieses Verfahren behält er auch mit seinen späteren kreativen Partnern bei. Außerdem holt Falco sich Unterstützung bei dem Musiker Gerd Pletz.

Immer wieder gab es Diskussionen, wer wie viel an Falcos Texten mitgearbeitet hat. Denn auch sein Manager Horst Bork nimmt für sich in Anspruch, an bestimmten Texten einen Anteil zu haben. Hansi Lang behauptet, er habe an „Ganz Wien“ mitgeschrieben. Offizielle Song-Credits haben weder Hansi Lang noch Horst Bork.

Eine ganz besondere Zusammenarbeit gab es zwischen dem Dichter Christian Ide Hinze und Falco, die sich Ende der Achtzigerjahre anfreundeten und gemeinsam ihrer Leidenschaft für österreichische Gegenwartsdichtkunst frönten.

# Schule für dichtung

**In den veröffentlichungen der schule für dichtung in wien wird alles klein geschrieben, außer den satzanfängen. Schon daran sieht man, dass sie keine normale schule ist.**

Es gibt kein gebäude, in dem die schulbänke in geraden linien hintereinander stehen. Es gibt weder lehrerin noch lehrer. Sie ist ein unabhängiges künstlerprojekt für performances, lyrik und experimentelle sprachkunst. Gegründet wurde sie 1991 von dem österreichischen dichter christian ide hintze. Inspiriert hatte ihn die teilnahme an der ähnlich gelagerten „Jack Kerouac School of Disembodied Poetics“. Die schule für dichtung organisiert lesungen, performances und publiziert bücher.

Der begriff „lyriker“ reicht nicht aus, um das multitalent christian ide hintze zu beschreiben. Wenn etwas mit kunst zu tun hat, dann hat hintze es irgendwann einmal auch gemacht. Am bekanntesten sind sein lyrikband „Die goldene Flut“ und sein projekt LI Te. LI Te war eine art multimedialer dichtertempel, den er 1984 in wien baute und darin drei wochen lang lebte und arbeitete. 2004 nahm hintze am österreichischen vorentscheid für den eurovision song contest teil. Mit seinem multilingualen und sehr minimalistischen song „Link Love!“ erreichte er den dritten platz. 2012 starb hintze im alter von 58 jahren.

An der schule für dichtung gaben viele prominente poeten vorlesungen, darunter h. c. artmann, allen ginsberg, blixa bargeld, nick cave und natürlich falco. Christian ide hintze und falco verband ihre leidenschaft für sprachkunst. Der künstlerische einfluss, den der leiter der schule für dichtung auf ihn hatte, ist nicht zu unterschätzen. Vor allem aber fand falco in der schule für dichtung seine längst überfällige anerkennung als poet und lyriker. 1995 hielt er seine vorlesung „Schreibt Falco Texte? Wenn ja, wie?“. In der „nacht der poesie” trat er mit h. c. artmann, wolfi bauer und christian ide hintze auf. Dort sang er ein beatles-medley. Hintze erzählte später, falco habe sich nicht bewegen lassen, eigene songs zu spielen. Lennon und mccartney seien die größten songschreiber, von ihnen könne man etwas lernen. Auf der cd zum event ist nicht nur das beatles-medley zu hören, sondern auch die schon 1989 entstandene und gemeinsam mit hintze geschriebene ernst-jandl-homage „ein tag".

Die schule für dichtung veröffentlichte unter dem titel „lyrics complete" eine akribisch recherchierte sammlung von falcos songtexten sowie eine sammlung literaturwissenschaftlicher aufsätze, die sich mit falcos poetik auseinandersetzten, unter dem titel „FALCOS MANY LANGUAGES".

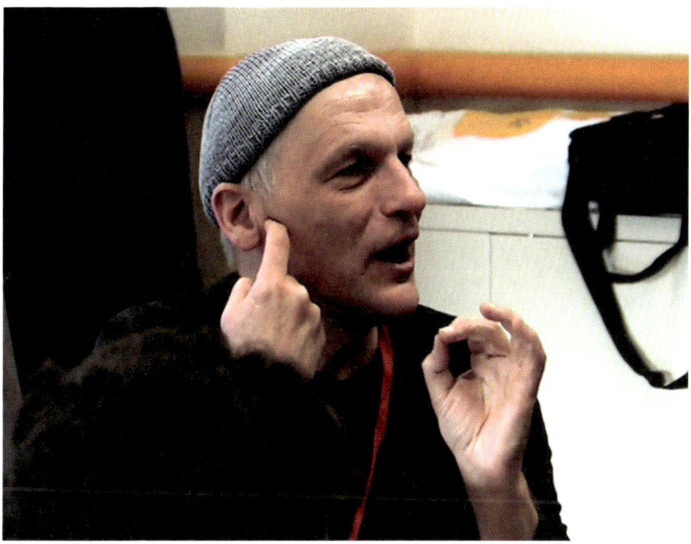

Multitalent Christian Ide Hintze

# Mit Karacho

**Horst Bork und Markus Spiegel warten in einem Wiener Hotel auf Falco, der wie immer zu spät dran ist. Plötzlich kracht es, Glas splittert und in der Hotelbar steht ein Peugeot 205. Und darin Falco. Lässig steigt er aus dem Auto und sagt ganz ruhig zu seinen perplexen Geschäftspartnern: „Entschuldigts, dass ich euch hab warten lassen, aber jetzt bin ich ja da!“**

Das hört sich erst mal witzig an, aber es grenzt an ein Wunder, dass der offensichtlich alkoholisierte Falco niemanden verletzt hat. Falcos Schicksal und seine Autos hingen immer eng zusammen. In nüchternem Zustand war er wohl ein umsichtiger Fahrer. Aber leider fuhr er nur allzu oft alkoholisiert und unter Drogeneinfluss.

Hans Hölzel war an Autos interessiert. Immerhin erzählte er, dass er sich als Jugendlicher von seinem Taschengeld die Zeitschrift „Auto, Motor und Sport“ gekauft habe.

„Sein erstes Auto war ein uralter, beiger Opel Kadett. Auf die rostige Kühlerhaube hatte er ‚Umspannwerk‘ gemalt, den Namen seiner damaligen Band“, erzählt sein langjähriger Begleiter und Beifahrer Thomas Rabitsch. Mehr als 80 Stundenkilometer habe das Ding nicht auf den Tacho gebracht.

Später fuhr Falco einen ziemlich klapprigen grauen VW Käfer. Mit diesem Auto ist er zur Horst Bork gefahren, um ihm das Band mit „Der Kommissar“ und „Helden von heute“ vorzuspielen. Als „Der Kommissar“ Falcos Konto mit Schillingen flutete, kaufte er sich einen Mercedes 280CE. Als daraufhin das Magazin „Wiener“ schrieb, er fahre einen Mercedes 350SE, schickte er eine Richtigstellung. Außerdem hatte das Magazin ein Foto von Falco und „seinem Audi Quattro“ abgebildet. Auch hier stellte Falco richtig, dass dies nicht sein eigenes Auto sei, sondern dass Audi „Personen mit Zeitgeist Produkte ihres Hauses gerne zur Verfügung stellt“.

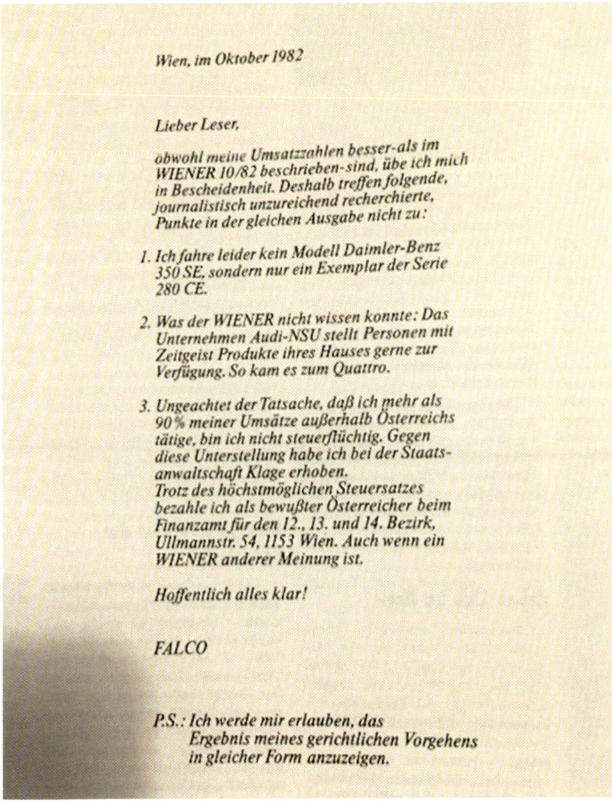

*Wien, im Oktober 1982*

*Lieber Leser,*

*obwohl meine Umsatzzahlen besser-als im WIENER 10/82 beschrieben-sind, übe ich mich in Bescheidenheit. Deshalb treffen folgende, journalistisch unzureichend recherchierte, Punkte in der gleichen Ausgabe nicht zu:*

1. *Ich fahre leider kein Modell Daimler-Benz 350 SE, sondern nur ein Exemplar der Serie 280 CE.*
2. *Was der WIENER nicht wissen konnte: Das Unternehmen Audi-NSU stellt Personen mit Zeitgeist Produkte ihres Hauses gerne zur Verfügung. So kam es zum Quattro.*
3. *Ungeachtet der Tatsache, daß ich mehr als 90 % meiner Umsätze außerhalb Österreichs tätige, bin ich nicht steuerflüchtig. Gegen diese Unterstellung habe ich bei der Staatsanwaltschaft Klage erhoben. Trotz des höchstmöglichen Steuersatzes bezahle ich als bewußter Österreicher beim Finanzamt für den 12., 13. und 14. Bezirk, Ullmannstr. 54, 1153 Wien. Auch wenn ein WIENER anderer Meinung ist.*

*Hoffentlich alles klar!*

*FALCO*

*P.S.: Ich werde mir erlauben, das Ergebnis meines gerichtlichen Vorgehens in gleicher Form anzuzeigen.*

Falcos Leserbrief ans Magazin „Wiener“ vom Oktober 1982

Ein Porsche 911 dagegen befand sich wohl in Falcos Besitz. Für alltägliche Fahrten stieg Falco auf den unauffälligen Peugeot 205 um, mit dem er 1988 in die Hotelbar krachte.

1997 fuhr Thomas Rabitsch ein letztes Mal mit Falco im Auto. „Unsere letzte gemeinsame Fahrt war in seinem von ihm hochgeschätzten Mitsubishi Pajero, Ende Dezember 1997.“ Falco ließ dieses Auto in die Dominikanische Republik verschiffen, nachdem er umgezogen war. „Er sagte, nur in so einem Panzer würde er sich sicher fühlen, weil dort würde jeder ‚glühen wie die g’sengte Sau‘“, erzählt Rabitsch.

Claudia Wohlfromm und Falco 1997

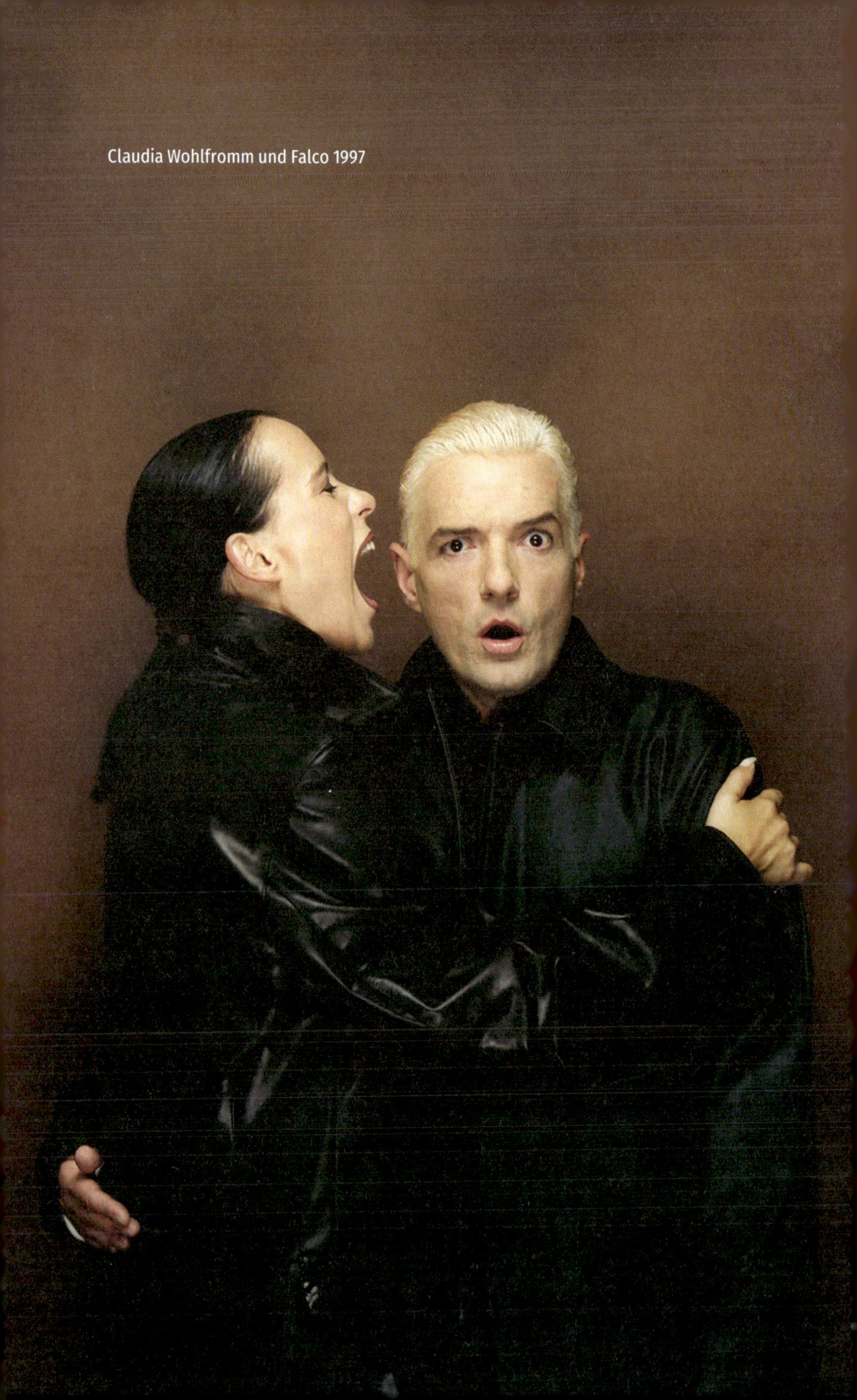

# Never Ending Lost Weekend

**„Long Lost Weekend“ nannte der Ex-Beatle John Lennon die 18 Monate dauernde Zeit, in der er sich von seiner Frau Yoko Ono trennte und in Alkohol und anderen Drogen versackte. Spätestens 1994 begann Falcos „Lost Weekend“.**

Schon seit 1987 befand sich Falcos Stern im Sinkflug. Aber jetzt, Mitte der Neunzigerjahre, begann er langsam in der Dunkelheit zu verglühen. Die Öffentlichkeit sah in ihm inzwischen einen ehemaligen Weltstar, der sich in eine tragische Gestalt verwandelt hatte.

Für sein Album „Nachtflug“ war er von der Teldec zur Plattenfirma EMI gewechselt. Sein treuer Manager Horst Bork hatte sich von ihm getrennt. Und jetzt eierte er ziemlich unentschlossen durch sein Leben. Mal voller Energie und Pläne, mal völlig verzagt.

Zwischen 1994 und 1995 versuchte er mit seinen Bandkollegen Thomas Lang und Thomas Rabitsch Songs für ein neues Album zu schreiben und aufzunehmen. Aber die beiden Lieder „Königin von Eschnapur“ und „Verdammt, wir leben noch“ stießen bei der EMI nicht auf Interesse. Die Single „Ec Ce Macchina“, die Falco für ein Soloalbum von Thomas Lang eingesungen und getextet hatte, verschwand ebenfalls in der Versenkung.

Dann trat der Produzent George Glück auf den Plan. Der hatte bereits für Trio, die Rainbirds und Die Prinzen gearbeitet und einen ausgezeichneten Ruf. Er wollte mit Falco eine an Techno orientierte Neuversion des Berliner Schlagers „Mutter, der Mann mit dem Koks ist da“ aufnehmen. Das Vorhaben wurde umgesetzt, Falco sang aber unter dem Künstlernamen T>Ma. Der Track wurde ein kleiner Hit, Platz 3 in Österreich, Platz 11 in Deutschland. Darauf angesprochen, warum er jetzt auf einmal im Technogewand daherkomme, antwortete Falco: „… wir, der Falco und ich und vielleicht der Hölzel und der T>Ma, (haben) entschieden, wieder populär zu sein“.

Die Nachfolgesingle wurde ein Song namens „Naked“. Ein Eurodance-Song, den der Komponist Voyce geschrieben hatte. Diesmal firmierte Falco als „Falco feat. T-MB“. Das Video sorgte für einen kleinen Skandal, weil Falco darin auf Gartenzwerge schoss. Ansonsten blieben die Verkaufszahlen weit hinter den Erwartungen zurück, und Falco geriet zusehends aus der Spur. „Mich interessiert es nicht, Musik zu machen“, erklärte er in einem Interview. „Die anderen sollen die Songs schreiben – ich sag nur noch ja oder nein.“

An dieser Stelle traten Torsten Börger als Songschreiber und Produzent und Claudia Wohlfromm als Managerin in Falcos Leben. Die beiden hatten mit der Girlgroup „Tic Tac Toe“ gerade gigantischen Erfolg und mit Songs wie „Ich find dich scheiße“ oder „Verpiss dich“ große Hits gehabt. Das Team Glück-Börger-Wohlfromm versuchte Falco ein zeitgemäßes Image und damit ein Comeback zu verschaffen. Falco zeigte sich mit blondierten Haaren im grünen Ledermantel, ganz im kunterbunten Geist der Neunzigerjahre. Mit dem neuen Team entstanden zwischen 1996 und 1997 neue Songs.

In einem Interview mit dem ORF kündigte er das Album „Egoisten“ an. Es sei fertig, aber ob es jetzt oder später erscheine, das sei doch völlig wurscht.

Das „Long Lost Weekend“ schien auf sein Ende zuzusteuern. Falco hatte ein Spitzenteam hinter sich, er hatte zeitgemäße Songs. Aber er zögerte. „Wir sind zwar fertig“, meinte er, „aber jetzt mosert jeder rum und langsam gefällt mir auch nichts mehr.“ Das Album wurde angekündigt, aber ein Erscheinungstermin wurde nie genannt. Das Jahr 1998 kam. Aber es kam anders, als Falco und alle anderen es sich vorgestellt hatten.

# Hacienda

**Was Falco geritten hat, als er sich 1996 entschloss, in die Dominikanische Republik zu ziehen? Man weiß es nicht!**

„Die Frage ist, was lasse ich in der Zeit, in der ich hier bin, zuhause für einen Blödsinn aus?“, stellt Falco in einem Interview dem Reporter eine rhetorische Frage. Und wie es sich gehört, gibt er sich selber die Antwort: „Ich denke, da gibt's einigen Blödsinn auszulassen.“ Und dann grinst er wie der Spitzbube, der er fünfzehn Jahre vorher noch war. Seinem damaligen Ex-Manager Horst Bork erzählte er etwas von den langen Wintern in Österreich, die ihm zu schaffen machten und dass die Steuern in der Dominikanischen Republik niedriger seien.

Für Bork hatte dieser Umzug sicher einen bitteren Beigeschmack, denn genau zehn Jahre zuvor hatte er vergeblich versucht, Falco davon zu überzeugen, in die USA zu ziehen. Bork meinte zu Falcos Plänen: „Er schrieb weiter an dem Buch ‚Wie ruiniere ich meine Karriere?‘

Falco bezog ein Haus im Hacienda Resort in Puerta Plata. Bork nennt es ein „Gars am Kamp mit besserem Wetter“. Und tatsächlich konnte Falco sich auf diese Weise vor allem aus der Yellowpress fernhalten. Er richtete sich ein Studio ein und arbeitete mit Torsten Börger an neuen Songs. Die Hoffnung, durch den Abstand clean zu werden, erfüllte sich jedoch nicht. Denn in der Dominikanischen Republik waren nicht nur die Winter milder und die Steuern niedriger, sondern auch die Drogen billiger.

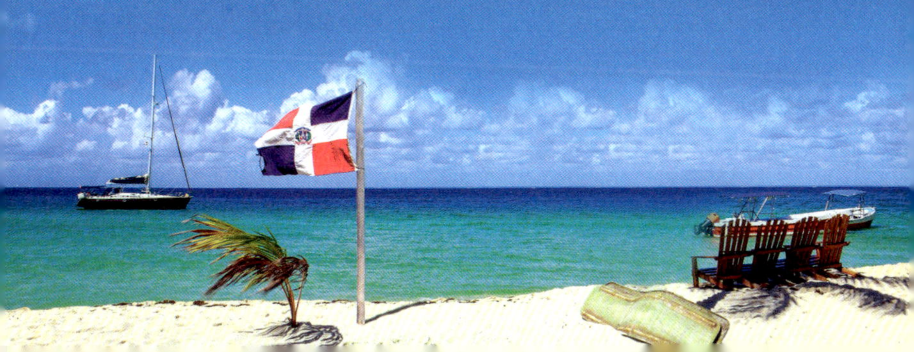

# Zack. Aus.

**Falcos Tod ist umrankt von Mythen und Verschwörungstheorien. Tatsache ist: Am 6. Februar 1998, gegen 16.40 Uhr Ortszeit, stirbt Falco an einer Straßenkreuzung in seinem Mitsubishi Pajero.**

Er wollte aus dem Parkplatz einer heruntergekommenen Kaschemme namens „Turist Disco“ herausfahren, ein viel zu schnell fahrender Bus knallte mit 100 km/h in die Fahrerseite seines Autos. Da half Falco selbst sein „Panzer“ nicht. Er war auf der Stelle tot.

Warum Falco etwa eine Stunde lang auf dem Parkplatz der „Turist Disco“ gestanden hatte, ist nicht geklärt. In der Disco war zu diesem Zeitpunkt kein Betrieb. Eine Kellnerin berichtete zuerst, Falco sei betrunken gewesen. Später änderte sie ihre Meinung und erzählte, er habe unbeweglich und mit geschlossenen Augen im Auto gesessen. Gerüchte sagen, er habe sich Immobilien angeschaut, wahrscheinlicher ist, dass er unterwegs war, um Drogen zu kaufen. Die Obduktion ergab, wenig überraschend, dass er 1,5 Promille Alkohol im Blut hatte, ebenso ließen sich Spuren von Kokain und Marihuana nachweisen. Trotzdem stellte die Polizei als Hauptursache des Unfalls die überhöhte Geschwindigkeit des Busses fest.

Ganz am Anfang seiner Karriere war Falco gefragt worden, wie er einmal sterben wolle. „Wie James Dean“, war seine Antwort. „Auf einer Kreuzung, im Porsche. Zack. Aus.“ Im Gegensatz zu James Deans Karriere waren Falcos beste Zeiten zum Zeitpunkt seines Todes eindeutig vorbei. Und ein Mitsubishi Pajero ist kein Porsche. Und in beiden Fällen ist ein Unfalltod genau das Gegenteil des glamourösen Geschwätzes von Falco: Weder James Dean noch Falco wollten so sterben. „Zack. Aus .“ ist ein romantisierter Rock'n'Roll-Mythos: „Live fast, die young!“

Die Boing, die Falcos Sarg nach Österreich flog, war getauft auf den Namen „James Dean“.

# Into The Light

**„Will mich ergeben, muss ich denn sterben, um zu leben?“ Das ist die Textzeile aus „Out Of The Dark (Into The Light)“ auf der sich eine Theorie aufbaut, nach der Falcos Tod Selbstmord war.**

Man kann den Song so interpretieren. „Out Of The Dark, Into The Light“ klingt nach den Berichten von Menschen, die eine sogenannte Nahtoderfahrung gemacht haben und deren Seelen nach ihrem Tod auf ein weißes Licht zugingen. „Kein Weg zurück, das weiße Licht rückt näher, Stück für Stück“, heißt es in einer anderen Textzeile des Songs. Das „weiße Licht“ ist ein Topos, den Falco in einigen seiner Songs bemüht. Erstmals 1984 in „Junge Roemer“. Später in „Les Nouveax Riches“ und „Kamikaze Cappa“. Vermutlich verstand er darunter eine Art rauschhaft-erlösende Auflösung des Ichs. Damit könnte der Tod gemeint sein, aber auch ein Drogenrausch.

Wenn man will, dann kann man Falcos „Long Lost Weekend“ als Grund für einen Selbstmord auslegen. Die Scheidung von seiner Frau nach einer schwierigen Ehe, die Alkoholprobleme, der Skandal um seine Tochter und der ausbleibende Erfolg seiner Musik.

Sämtliche Vertraute Falcos sind sich aber darin einig, dass Falco keinen Selbstmord begangen hat. Es ist wieder einmal Horst Bork, der die richtigen Worte findet. „Natürlich war Falcos früher Tod ein Selbstmord auf Raten“, schreibt er in seinen Memoiren. Auf keinen Fall aber sei er eine geplante Tat gewesen.

Eine weit verbreitete Verschwörungsgeschichte berichtet davon, dass Falcos letzte Liebe ein einheimisches Mädchen namens Selina gewesen sei, die Tochter eines Bürgermeisters. Diesem sei die Beziehung ein Dorn im Auge gewesen, weshalb er beschlossen habe, dass Falco sterben müsse. Nachweisen lässt sich nichts davon.

# Alles vorbei

**Bob Dylans Song „It's All Over Now, Baby Blue" erschien 1965 auf dem Album „Bringing It All Back Home". Es war das Album, auf dem Dylan sich vom puristischen Folk verabschiedete. Und es war die Zeit, in der er Abschied von seiner Geliebten Joan Baez nahm. Für diese Abschiedsverkaterung findet Dylan wunderschön-schmerzhafte Sprachbilder. Zu sich gefunden hat der Song allerdings erst 1966 in der Version von Van Morrison und seiner Band Them. Die Band unterlegt ein perlendes Gitarrenapreggio mit einem schleppenden Basslauf. In Van Morrisons Version schwebt und leuchtet der Song regelrecht.**

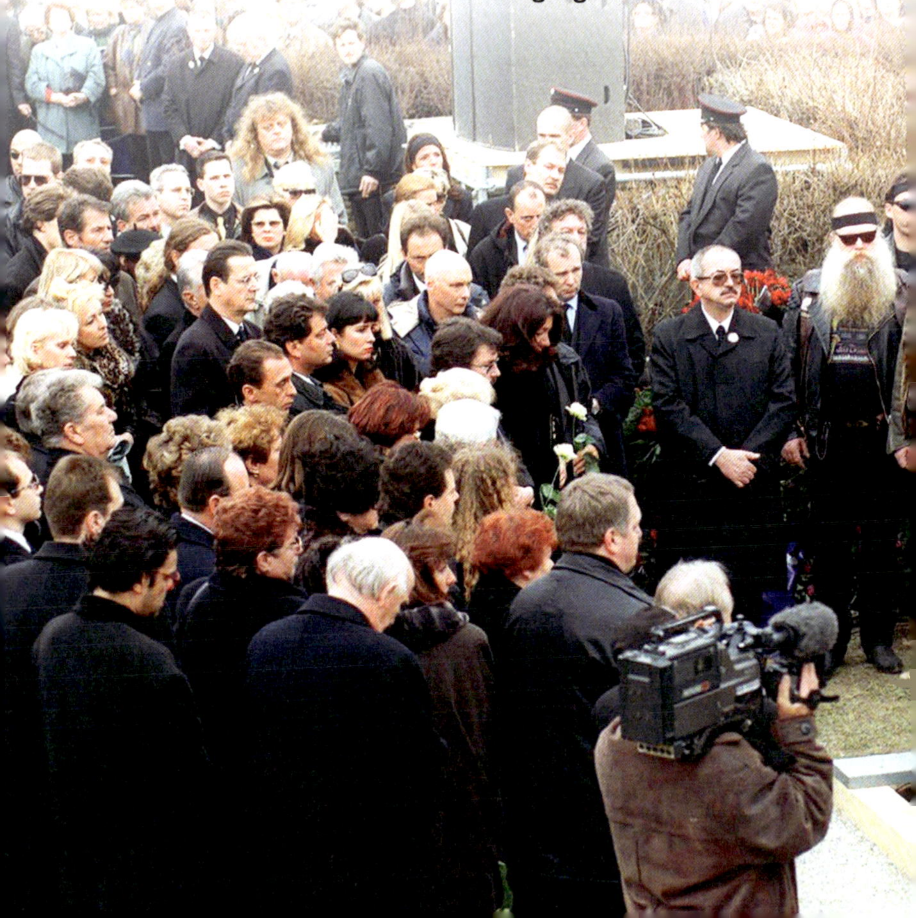

1985 wagte sich Falco in den Münchner Arco-Studios an den Klassiker. Und er sang ihn, als sei er einzig und allein für ihn geschrieben worden. Seine Interpretation lehnt sich eng an die Van Morrisons an. Aber Falco hatte sich zusätzlich den Jazz-Saxofonisten Olaf Kübler ins Studio geholt. Sein sanft verrauchtes Spiel verzaubert den Song. Und Falco singt, als wäre er das im Text erwähnte heulende Feuer in der Sonne. Beim Hören des Stücks fühlt man sich, als säße man als einer der letzten Gäste morgens um vier in einem verrauchten Jazzclub, die Band spielt müde ihr letztes Lied, die Gäste stoßen ein letztes Mal an – und dann ist alles vorbei.

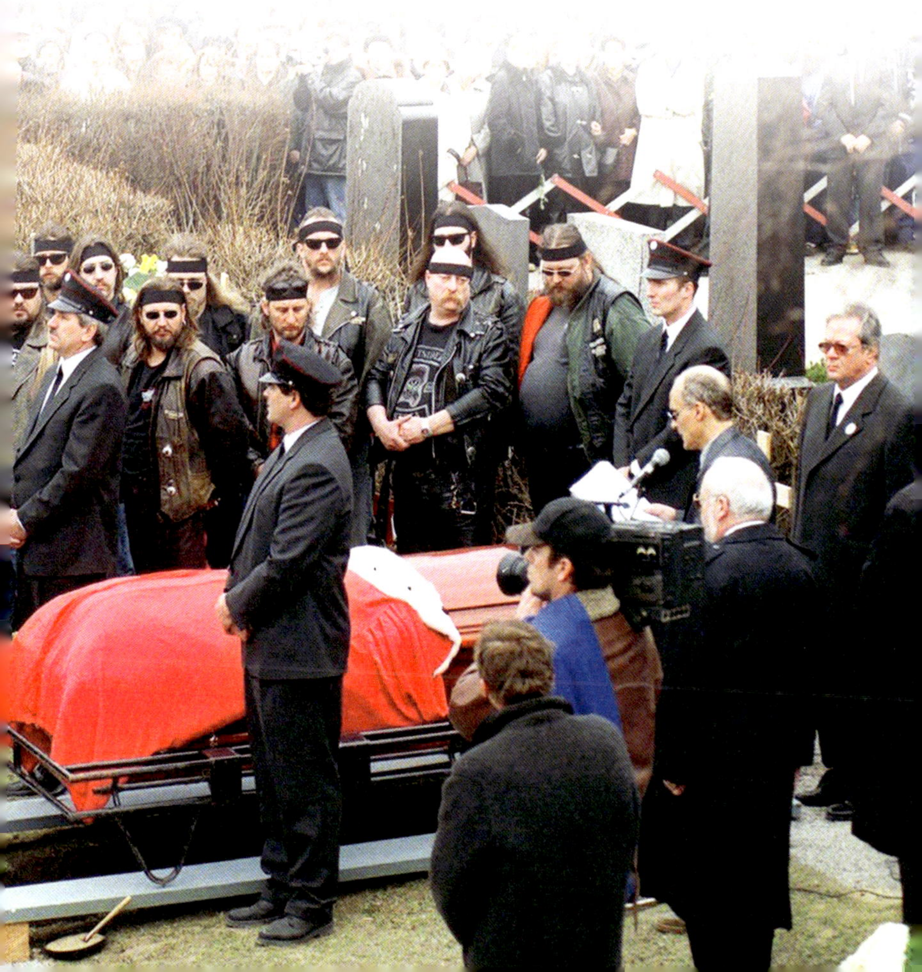

Aber Falco wäre nicht Falco, hätte er das Lied nicht noch tiefgründiger verzaubert. „Falconizing“ nannten die Bollands das. Wenn sie Falco einen Textvorschlag machten, zückte er den Stift, änderte hier etwas, änderte dort etwas, manchmal viel, manchmal wenig. Dann eignete er sich den Song in der Performance an, mal durch seinen Dialekt, mal durch eine besondere Wendung. Bei „It's All Over Now, Baby Blue“ änderte er den Refrain. Statt des englischen Textes sprach er mit mächtig Schmäh in der Stimme „Aber was vorbei ist, ist vorbei, Baby Blue“. Und am Ende des Liedes erinnert er das Baby Blue, dass es seine „heißen roten Schuhe“ nicht vergessen soll. Beide Textzeilen hat er sich bei der 1982 erschienenen deutschen und etwas farblosen Version des Dylan-Songs der Münchener Freiheit geborgt. Aber hier gehören sie ganz ihm und sind zu tausend Prozent Falco.

Als sich sein Sarg am 14. Februar 1998 auf dem Wiener Zentralfriedhof langsam in das Grab hinuntersenkt, läuft dieser Song. Ein Song, der jetzt nicht mehr Bob Dylan oder Van Morrison gehörte, sondern ein Song, der ab jetzt und für alle Zeiten den Schmerz der Falco-Fans in sich aufnahm und konservierte.

In der Halle 2 des Zentralfriedhofs wurde der Sarg aufgebahrt. Die Rocker aus dem Video von „Amadeus“ hatten ihn standesgemäß zum Grab begleitet. Tausende kamen, um Abschied vom größten Popstar Österreichs zu nehmen. Ganz Wien stand einen langen Moment lang still.

Auf dem Grab steht eine große Glasscheibe, die ein schwarzweiß-Foto von Falco aus den Coversessions zu seinem Album „Nachtflug“ zeigt. Aber am 14. Februar 1998 wurde auch Johann Hölzel begraben. Er bekam einen bescheidenen Grabstein mit seinem Namen darauf. Für ihn war alles vorbei, er hatte seinen Frieden gefunden.

Und während Johann Hölzel in Frieden ruhte, ging es für Falco erst richtig los.

# Out Of The Dark

**„Hätte Falco heute ein Konzert gegeben, dann wären vielleicht nicht so viele Leute gekommen“, diktierte Rudi Dolezal einem Reporter bei Falcos Beisetzung ins Mikrofon. Und er hatte recht: Hans Hölzels Tod verschaffte seiner Kunstfigur Falco eine künstlerische Auferstehung.**

Im März standen sowohl die Single als auch das Album „Out Of The Dark (Into The Light)“ in den Top Ten der österreichischen, deutschen und schweizerischen Charts. „Out Of The Dark (Into The Light)“? Ganz genau! Nach Falcos Tod wurde der von ihm geplante Albumtitel „Egoisten“ rasch verworfen. Stattdessen wurde der ziemlich morbide Song „Out Of The Dark“ zur Single gemacht und zu einem gigantischen Abschiedsbrief-Hit Falcos. Das Video wurde rasch aus alten Videos zusammengeschnippelt.

Komponiert hatte den Song Torsten Börger. Das hört man sehr deutlich, wenn man sich klar macht, dass Börger auch hinter dem sehr ähnlich gestrickten Hit „Verpiss dich!“ von Tic Tac Toe steckt. Im September 1998 wurde diesem Überhit noch die Single „Egoist“ hinterhergeschickt, die es zumindest in Deutschland und Österreich unter die ersten Zehn der Charts schaffte. Damit wurde das Album zur erfolgreichsten Falco-Veröffentlichung seit „Falco 3“. Es enthielt mit „Mutter, der Mann mit dem Koks ist da“ und „Naked“ vier Hit-Singles und hielt sich in Deutschland fast fünfzig Wochen in den Charts. An die Qualität sämtlicher vorangegangener Alben kann es nicht anknüpfen, außer bei einem Song. Das Album endet mit „Naked“. Und Hörer, die ein bisschen Geduld haben, bekommen dann den Hidden Track „Geld“ zu hören. Eine großartige Coverversion des Rio-Reiser-Stücks, das durch das „Falconizing“ zum Glanzstück wird.

# Re-issue! Re-package!

**In ihrem 1987 veröffentlichten Stück „Paint A Vulgar Picture“ erzählt die britische Band The Smiths, was nach dem Tod eines Stars in den Büros der Musikindustrie passiert: „Re-issue! Re-package! / Re-evaluate the songs!“.**

Genau das passierte jetzt auch mit Falcos Songs. Schon 1999 erscheint das Album „Verdammt, wir leben noch!“, auf dem keine wirklich neuen Stücke zu finden sind. Teilweise sind es die Songs aus den Sessions mit Thomas Rabitsch und Thomas Lang Mitte der Neunzigerjahre, teilweise sind es Songs, die bei den „Aya“-Sessions liegen geblieben waren, teilweise Songs, die es nicht auf „Out Of The Dark“ geschafft hatten. Und zu guter Letzt sind noch Songs enthalten, die die Bolland-Brüder aus alten Studioschnipseln zusammengebastelt haben. Das 2009 erschienene Album „The Spirit Never Dies“ ist rund um das misslungene Stück gleichen Namens aufgebaut. Der Rest des Albums lässt erahnen, wie das verschollene „Aya“ vielleicht hätte klingen können. In Deutschland und Österreich war das Album ein Hit und zeigte, dass Falco auch elf Jahre nach seinem Tod noch ein Thema war.

Es ist schwer zu sagen, was der zögerliche Hans Hölzel wohl von dieser Resteverwertung gehalten hätte. Immerhin äußerte er ja schon 1985 den Wunsch, man solle seine „records kaufen“. Der Tod eines Stars verändert den Blick auf seine Werke. Dinge, die zu Lebzeiten verworfen wurden, sind jetzt ein Erbe für die Fans.

Wesentlich gelungener als alle posthumen Alben sind übrigens die Live-Veröffentlichungen: sowohl die rekonstruierte Fassung des Symphonic Konzerts als auch die Aufnahme des Donauinselevents und natürlich „Live Forever“, das die 86er-Tournee verewigt! Dem restaurierten Album „Einzelhaft“ ist das 1982 aufgenommene Konzert in der Wiener Stadthalle zur Verleihung der Pop-Krone beigelegt. Auch diese Aufnahmen sind überaus hörenswert!

# Falco lebt!

**Die Kunstfigur Falco hat sich inzwischen von Hans Hölzel getrennt und führt in vielen Inkarnationen ein munteres Eigenleben auf der Bühne und im Film .**

## FALCO MEETS AMADEUS

2000: Die beiden österreichischen Musikproduzenten Johnny Bertl und Manfred Schweng brachten nach einem Libretto von Burkhard Driest das Musical „Falco Meets Amadeus" auf die Bühne. Ein bisschen Biografie, ein bisschen Drama, ein bisschen „Faust" und im Titel die beiden berühmten Österreicher Falco und Amadeus. Wie bei allen nachfolgenden Falco-Musicals ging es vor allem darum, die Songs des österreichischen Superstars aufwändig inszeniert auf die Bühne zu bringen. Die Handlung war hier wie später meistens eher zweitrangig. Immerhin: Die Show war ein Erfolg.

## FALCO – VERDAMMT, WIR LEBEN NOCH

Dieses 2008 in den Kinos veröffentlichte Biopic des Regisseurs Thomas Roth ist die bisher beste Umsetzung von Falcos Biografie und Musik. Das liegt natürlich an Roths großartiger Regie und seinem stimmigen Drehbuch. Was den Film jedoch überragend macht, ist sein brillanter Cast. Manuel Rubey *ist* Falco. Kein Falco-Imitator hat je so überzeugend Falcos Zerrissenheit gezeigt. Außerdem hat Rubey

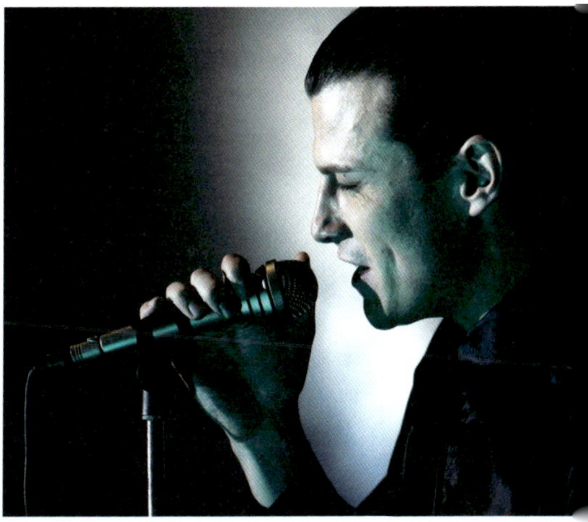

für den Film sämtliche Falco-Songs selber eingesungen, und zwar richtig gut! Christian Tramitz hat zwar überhaupt nichts von dem echten Horst Bork an sich, verkörpert aber von seinem Typ her überzeugend die handwerkliche Managementhandfestigkeit, mit der der echte Horst Bork Falco jahrelang durch Höhen und Tiefen geführt hat.

## FALCO MEETS QUEEN: A CONCERT MADE IN HEAVEN

Axel Herrig hatte schon in „Falco Meets Amadeus" den Star gegeben. 2016 wurde er erneut als Hauptdarsteller engagiert. Diesmal traf er allerdings nicht auf Wolfgang Amadeus Mozart, sondern auf Freddy Mercury. Der wurde dargestellt von Sascha Lien, dem Sänger einer Queen-Tribute-Band. Entsprechend hieß das Musical „Falco Meets Queen"; in der Urfassung war der Titel noch „Falco Meets Mercury" gewesen. Die Rahmenhandlung des Musicals dreht sich darum, dass die beiden Protagonisten sich am Himmelstor begegnen. Für spätere Aufführungen wurde diese Rumpfhandlung eliminiert, übrig blieb eine bunte Show mit guter Musik. Warum jetzt ausgerechnet Falco und Freddy Mercury aufeinandertreffen mussten? Wahrscheinlich, weil zwei tote Stars der Achtzigerjahre besser sind als nur einer.

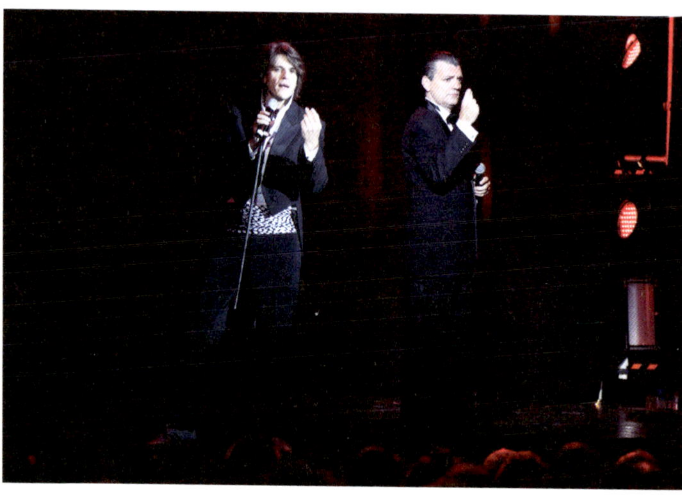

## FALCO – DAS MUSICAL

Im Jahr 2017 wurde „Falco – Das Musical" uraufgeführt. Auch hier geht es um Falcos Leben und Leiden. Die Buchvorlage schrieb der Falco-Imitator und Hauptdarsteller Alexander Kerbst zusammen mit Stefanie Kock. Beraten wurde das Team von Horst Bork, verantwortlich für die Musik ist Thomas Rabitsch, und auch Rudi Dolezal ist mit von der Partie. Das Ensemble tourt auch 2024 wieder mit der Show!

## ROCK ME AMADEUS – DAS FALCO MUSICAL

Das im Oktober 2023 uraufgeführte Musical reitet ausgehend vom Unfalltod der Hauptfigur einmal im Schnelldurchgang durch Falcos Biografie. Der „Standard" schreibt in seiner Rezension: „Das von Regisseur Andreas Gergen flott inszenierte Jukebox-Musical aus der Textfeder von Musical-Intendant Christian Struppeck lässt die Tragik einer zerrissenen Popexistenz in Konzertszenen aufgehen – mit Songs, denen Falco textlich und blasiert rappend seinen Stempel aufgedrückt hatte." Also: Nichts Neues im Falco-Musical. Falco wird übrigens von dem jungen Moritz Mausser verkörpert, der einen exzellenten Job macht.

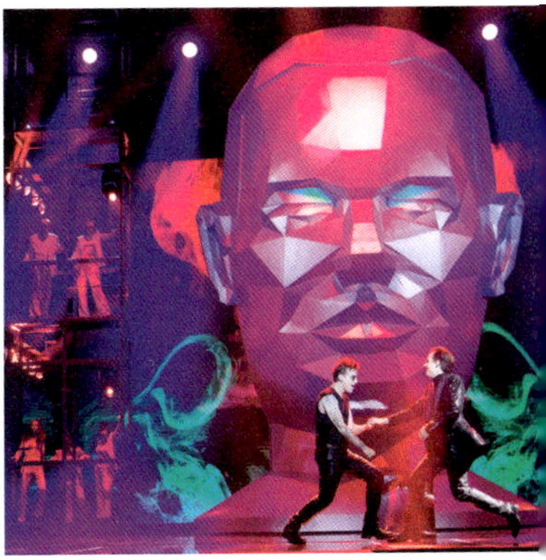

## DIE GOLDFISCH

Jedes Jahr zu Falcos Geburtstag treten Die Goldfisch in Falcos alter Stammdisco U4 auf und geben seine alten Hits zum Besten. Diese Konzerte sind absolut empfehlenswert, denn die Bandmitglieder gehörten einst zu Falcos Tourband: Thomas und Bernhard Rabitsch, Peter Vieweger, Peter Paul Skrepek und Bertl Pistracher. Die Band versucht gar nicht erst Falco zu imitieren, sondern spielt, dem Nimbus der hochkarätigen Musiker entsprechend, mitreißende Neuinterpretationen der alten Songs.

# Falco war ein Arschloch

**„Mein Ruf in der Branche, der geht natürlich von, naja, lassens mich sagen, ‚sehr, sehr schwierig' bis hin zu ‚definite absolut asshole', und diesen Ruf gilt es mit absolut allen Mitteln zu verteidigen", hat Falco einmal gesagt. Und es stimmt. Falco hatte den Ruf ein arrogantes Arschloch zu sein.**

Im „Vice"-Magazin stand sogar ein ganzer Artikel unter dem Leitmotiv: „Vielleicht war Falco aber auch nur ein egoistisches Arschloch?" Und dann beginnt der Autor, Falcos negative Eigenschaften auszumalen: „Falco vereinte Eigenschaften auf sich, die objektiv betrachtet nicht gerade als erstrebenswert gelten: Arroganz, Überheblichkeit, Narzissmus, Egoismus, Machismus, Chauvinismus." Und dann kommt die überfällige Frage: „Wollen wir wirklich eine Kunstfigur glorifizieren, die in ihrem Kern einfach nur ein mieser Typ war?" Sogar sein alter Weggefährte Rudi Dolezal ließ sich dazu hinreißen, Falco als Arschloch zu bezeichnen. Falco hat seinen Ruf also sehr erfolgreich verteidigt. Allerdings war das nur ein Teil der Rollenbeschreibung für die Kunstfigur Falco. Denn da war ja auch noch der Mensch Hans Hölzel. Und der war kein Arschloch!

Falco war kein Genie, sondern ein Teamplayer; er hatte erhebliche Drogenprobleme und neigte zu fatalen Fehleinschätzungen. Er fuhr seine Beziehungen in den Graben und ein Auto in eine Hotelbar. Er war ein liebevoller und stolzer Vater, der seine Tochter aus dem Testament gestrichen hat. Er starb an einem traurigen Tag an einem traurigen Ort.

Hans Hölzel und Falco haben Fehler gemacht, die Menschen auf ihrem Lebensweg machen, verzeihliche und unverzeihliche. Er war ein ganz normaler Mensch mit vielen Persönlichkeitsfacetten.

„Wenn ich morgen meinem Gott gegenüberstehe", hat Falco kurz vor seinem Tod gesagt, „kann ich sagen: ‚Ich bin unschuldig! Ich hab niemandem was getan, ich hab niemanden g'legt, ich hab niemanden betrogen, ich hab niemandem wehgetan … außer mir selbst.' Und das wird er mir hoffentlich verzeihen."

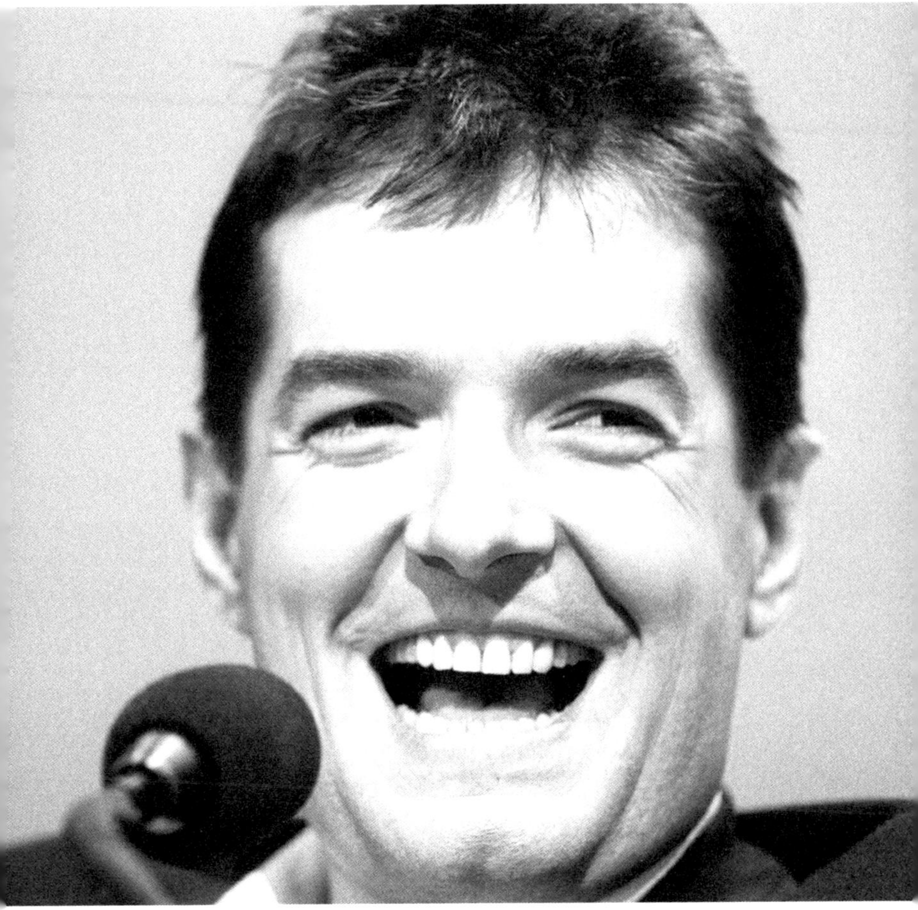

# Das Quiz für echte Falconizer

**1. Welcher legendäre DJ hat „Der Kommissar" remixt?**

a) Grandmaster Flash
b) Ostbahn Kurti
c) Afrika Bambaataa
d) Kool DJ Herc

**2. Falco meinte „Einer, den keiner vorgesehen hatte, macht so eine Karriere", weil …**

a) er als erster Österreicher in den USA die Nummer 1 belegte
b) er als einziger von Drillingen die Geburt überlebt hat
c) er vor seiner Solokarriere bei der Chaosband Drahdiwaberl war
d) er musikalisch völlig unbegabt war

**3. Falcos richtiger Name war …**

a) Wolfgang Hölzel
b) Johannes Hölzel
c) Reiner Hölzel
d) Johann Hölzel

**4. Von Falco wurde behauptet, er habe …**

a) ein relativ gutes Gehör
b) ein totales Gehör
c) ein absolutes Gehör
d) ein schlechtes Gehör

**5. Falco behauptete fälschlicherweise, ein berühmter österreichischer Dichter sei sein Deutschlehrer gewesen? Welcher?**

a) H. C. Artmann
b) Christian Ide Hintze
c) Ernst Jandl
d) Karl Kraus

**6. Falco beherrschte ein Instrument hervorragend. Welches?**

a) Bass
b) Gitarre
c) Klavier
d) Akkordeon

**7. Falcos erste Band hieß …**

a) Elektrizitätswerk
b) Wasserwerk
c) Umspannwerk
d) Kraftwerk

**8. Stefan Weber, der Chef der Band Drahdiwaberl, war von Beruf …**

a) Bäcker
b) Metzger
c) Bestattungsunternehmer
d) Deutschlehrer

**9. Falco war Soldat. Bei was für einer Einheit war er?**

a) Pioniere
b) Fernmeldeaufklärer
c) Panzergrenadier
d) Ordonanz

**10. Bevor Falco zum Militär ging, war er bei der …**

a) Pensionsversicherungs-anstalt
b) Unfallversicherung
c) Rentenkasse
d) Pflegeversicherungsinstitut

**11. Falco kombinierte seinen Künstlernamen am Anfang noch mit einem Nachnamen. Welcher?**

a) Läufer
b) Kreuzer
c) De Niro
d) Stürmer

**12. Welcher Modemacher war an der Gestaltung des Albums „Junge Roemer" beteiligt?**

a) Hugo Boss
b) Jean Paul Gaultier
c) Helmut Lang
d) Karl Lagerfeld

**13. Wie hieß Falcos Stammdisco?**

a) U96
b) 42
c) U4
d) B 52

**14. Die Goldfische in Falcos „Ganz Wien" …**

a) zupfen
b) geigen
c) blasen
d) streichen

**15. Welchen Dienstgrad hat der Ermittler in der Krimisatire Kottan?**

a) Polizeimeister
b) Kommissar
c) Major
d) Hauptkommissar

**16. In welcher Fernsehshow traten Falco und Désirée mit dem Song „Kann es Liebe sein?“ auf?**

a) Auf Los geht's los!
b) Dalli Dalli
c) Einer wird gewinnen
d) Wetten, dass ..?

**17. Mit welcher Bezeichnung verspottete Falco die Brüder Bolland?**

a) Holzschuhschlurfer
b) Gebrüder Antje
c) Kasroller
d) Die Brüder Carrell

**18. Welchen Titel sollte Falcos Album „Wiener Blut“ ursprünglich bekommen?**

a) An der schönen blauen Donau
b) Donauwelle
c) Falco 5
d) Aya

**19. Welches an sein großes Vorbild David Bowie angelehnte Pseudonym gab sich Falco in den Komponistencredits des Songs „Naked“?**

a) Black Dude
b) Red Baron
c) Brown Sugar
d) White Duke

**20. Welchen speziellen Begriff hatten die Brüder Bolland für Falcos Art, sich einen Song anzueignen?**

a) Verhölzeln
b) Hansiierung
c) Johannisation
d) Falconizing

## Quiz-Lösungen

1.c)
2.b)
3.d)
4.c)
5.c)
6.a)
7.c)
8.d)
9.b)
10.a)
11.d)
12.c)
13.c)
14.b)
15.c)
16.d)
17.c)
18.d)
19.d)
20.d)